T0208859

essentials

essentials liefern aktuelles Wissen in konzentrierter Form. Die Essenz dessen, worauf es als „State-of-the-Art" in der gegenwärtigen Fachdiskussion oder in der Praxis ankommt. *essentials* informieren schnell, unkompliziert und verständlich

- als Einführung in ein aktuelles Thema aus Ihrem Fachgebiet
- als Einstieg in ein für Sie noch unbekanntes Themenfeld
- als Einblick, um zum Thema mitreden zu können

Die Bücher in elektronischer und gedruckter Form bringen das Fachwissen von Springerautor*innen kompakt zur Darstellung. Sie sind besonders für die Nutzung als eBook auf Tablet-PCs, eBook-Readern und Smartphones geeignet. *essentials* sind Wissensbausteine aus den Wirtschafts-, Sozial- und Geisteswissenschaften, aus Technik und Naturwissenschaften sowie aus Medizin, Psychologie und Gesundheitsberufen. Von renommierten Autor*innen aller Springer-Verlagsmarken.

Weitere Bände in der Reihe https://link.springer.com/bookseries/13088

Antonia Bauer · Sarah Höglinger ·
Katrin Zechmeister

Trend Homesteading

Selbstversorgung im 21.
Jahrhundert – Hintergründe, Motive,
Nutzen

 Springer

Antonia Bauer
Wien, Österreich

Sarah Höglinger
Linz, Österreich

Katrin Zechmeister
Wien, Österreich

ISSN 2197-6708   ISSN 2197-6716 (electronic)
essentials
ISBN 978-3-662-65111-7   ISBN 978-3-662-65112-4 (eBook)
https://doi.org/10.1007/978-3-662-65112-4

Die Deutsche Nationalbibliothek verzeichnet diese Publikation in der Deutschen Nationalbibliografie; detaillierte bibliografische Daten sind im Internet über http://dnb.d-nb.de abrufbar.

Planung/Lektorat: Joachim Coch
Springer ist ein Imprint der eingetragenen Gesellschaft Springer-Verlag GmbH, DE und ist ein Teil von Springer Nature.
Die Anschrift der Gesellschaft ist: Heidelberger Platz 3, 14197 Berlin, Germany

Was Sie in diesem *essential* finden können

- Wie sich die Ernährung des Menschen im Laufe der Evolution entwickelt hat.
- Woher Homesteading kommt sowie dessen geschichtlicher Hintergrund.
- Welche Einflüsse die COVID-19-Pandemie auf den Trend Homesteading hat.
- Welche Motive hinter dem Trend Homesteading stehen.

Herzensbotschaft eines Homesteaders an die Menschheit *„Selbstversorgung rettet nicht die Welt, aber es hilft massiv, die Natur zu erleben und wieder zu lieben und dadurch achtsamer und fürsorglicher mit ihr umzugehen. Und wahrscheinlich können wir nur so die Welt retten. Aus Liebe zu unserer Natur um uns." (Auszug aus einem Interview zum Thema Homesteading)*

Vorwort

Die Idee für dieses Buch startete mit uns, drei Studentinnen des Bachelorstudiengangs Diätologie der Fachhochschule St. Pölten. Da wir uns nach jahrelanger Zusammenarbeit entschieden haben, unsere Studienzeit mit einer gemeinsamen Bachelorarbeit zu krönen, wollten wir ein Thema finden, das nicht nur uns, sondern auch das Bachelorkomitee begeistert.

Die Themenfindung startete mit dem schwedischen Koch Magnus Nilsson, den wir durch die Dokumentarfilm-Serie „Chef's Table" kannten. In seinem Restaurant in der schwedischen Tundra hat er ausschließlich lokale und regionale Produkte verwendet, was sich in den Wintermonaten als schwierig erwiesen hat. Dabei hat Nilsson auf alte Konservierungsmethoden gesetzt und auch Pflanzen verwendet, die er selbst anbaut. Diese Idee hat uns fasziniert und so haben wir nach ähnlichen Konzepten im deutschsprachigen Raum gesucht. Ein österreichisches Projekt, das den Gedanken der Konservierung auffasst, war „Ox im Glas", bei dem drei Männer einen Ochsen innerhalb von zwei Wochen in 1000 Gläser eingerext haben.

Uns hat sich die Frage gestellt, ob es Menschen gibt, die sich täglich selbst versorgen. Das war der Grundgedanke für unsere Bachelorarbeit.

Nach einer intensiven Zeit, die aus Fernlehre, Praktikum und Bachelorarbeit bestand, kam Ende Juni 2021 endlich der Zeitpunkt, an dem wir unsere Arbeit dem Bachelorkomitee präsentieren durften. Die Präsentation und das Thema stießen auf Begeisterung und uns wurde am Ende des Tages der Titel *Bachelor of Science in Health Studies* verliehen.

Die Bachelorarbeit hat uns persönlich dazu inspiriert mehr selbst anzupflanzen, zu kochen und auch zu konservieren und wir hoffen, dass diese Lektüre denselben Effekt bei Ihnen erzielt. Dieses Buch richtet sich an Expert*innen der

Bereiche Psychologie, Diätologie, Ernährungswissenschaften und alle am Thema Homesteading Interessierten.

An dieser Stelle möchten wir uns herzlich bei Mag. John Haas und FH-Prof. Mag. Dr. Jutta M. Kutrovátz für die Betreuung der vorangegangenen Bachelorarbeit bedanken und ebenso für die Ermutigung diese Arbeit in Buchform zu veröffentlichen. Ein Dank geht außerdem an Mag. Ernst Grosinger, der seine Zeit investiert und uns ebenfalls bei der Bachelorarbeit unterstützt hat.

Weiters möchten wir uns bei den Interviewpartner*innen für ihre Zeit, die wertvollen Informationen und bereichernden Meinungen bedanken. Dies gab uns die Möglichkeit, einen realen Einblick in das Leben von Homesteadern der Gegenwart zu bekommen. Wir möchten uns auch bei unserem privaten Umfeld, Familie und Freunde, für die Geduld, Motivation und Unterstützung in jeder Hinsicht bedanken.

Antonia Bauer
Sarah Höglinger
Katrin Zechmeister

Inhaltsverzeichnis

Über die Autoren

Antonia Bauer, BSc

Antonia Bauer, BSc, Diätologin arbeitet seit 2021 als Diätologin im Franziskus Spital in Wien, Österreich und ist außerdem freiberuflich tätig. Zuvor hat sie an der Fachhochschule St. Pölten studiert und sich für ihre Bachelorarbeit intensiv mit dem Thema Ernährungspsychologie und Homesteading beschäftigt. An einer Höheren Lehranstalt für wirtschaftliche Berufe hat sie eine Ausbildung im Bereich Restaurant- und Küchenmanagement absolviert. Aktuell bildet sie sich im Bereich der Gastroenterologie weiter und arbeitet an Zero-Waste-Rezepten, um Lebensmittelverschwendung vorzubeugen.

Weitere Informationen finden Sie auf ihrer Webseite unter www.diaetologie-antonia.at

Sarah Höglinger, BSc

Sarah Höglinger, BSc, Diätologin arbeitet seit 2021 als Diätologin im Klinikum Bad Gastein, Österreich. Ihr Studium hat sie an der Fachhochschule St. Pölten abgeschlossen, der Fokus der Bachelorarbeit lag dabei auf Homesteading und Ernährungspsychologie. Mit Ernährungspsychologie befasst sie sich auch außerhalb ihrer Arbeit, vor allem das Thema Essstörungen liegt ihr dabei am Herzen. Neben der Tätigkeit als Diätologin beschäftigt sie sich auch privat mit dem Thema Homesteading und wendet verschiedene Konservierungstechniken an. Sie hat das Brotbacken mit Sauerteig für sich entdeckt und ihr Traum ist es, ihre eigenen Hühner zu halten.

Katrin Zechmeister, BSc

Katrin Zechmeister, BSc, Diätologin arbeitet seit 2021 als Diätologin in einem Pflegewohnhaus in Wien, Österreich. Freiberuflich hält sie Vorträge zu Themenbereichen der Diätologie. Im Zuge des Diätologiestudiums und der Bachelorarbeit hat sie sich intensiv mit dem Thema Ernährungspsychologie und Homesteading auseinandergesetzt, womit sie sich sowohl beruflich als auch privat weiterhin beschäftigt. Zuvor war sie mehrere Jahre als pharmazeutisch-kaufmännische Assistentin in Apotheken tätig. In ihrer Freizeit kocht sie gerne und zieht Sprossen und Kräuter in ihrer Wohnung.

Einleitung

„Auch in unserem High-Tech Zeitalter ist die Low-Tech
Pflanze der Schlüssel zu Ernährung und Gesundheit."
Jack Weatherford – Professor für Anthropologie

Lebensmittel sind ein wesentlicher Bestandteil zur Erhaltung der Gesundheit,
wobei die Qualität eine wichtige Rolle spielt. Das Essverhalten der Menschen hat
sich im Laufe der Geschichte stetig verändert. Früher war das Anpflanzen von
Lebensmitteln eine Notwendigkeit. Durch die Entwicklung der Industriestaaten
der heutigen Zeit ist dies jedoch nicht mehr notwendig.

Die Wertschätzung gegenüber Lebensmitteln nimmt seit einigen Jahrzehnten
ab, was sich in den steigenden Lebensmittelabfällen widerspiegelt. Dieser Ver-
lust der Wertschätzung führt zu einer Trendwende im Konsumverhalten in Bezug
auf Herkunft, Anbauarten und Saisonalität. Homesteading ist eine Bezeichnung
aus den Vereinigten Staaten von Amerika, die mit dem Hilfsbegriff „Selbstversorgung" am besten übersetzt werden kann. Es ist als eine Gegenbewegung zu
sehen, die Menschen wieder zurück zu ihren Wurzeln bringen soll. Die Gründe,
diesen Schritt zu wagen, sind vielfältig und von diversen Motiven geprägt. Die
COVID-19-Pandemie war für viele ein Anstoß, der zum Umdenken angeregt und
die Motivation hervorgerufen hat, Lebensmittel selbst anzubauen, zu konservieren
und zu verarbeiten.

In der diätologischen Praxis ist das Homesteading vorwiegend als präven-
tiver Ansatz zu sehen. Durch die Auseinandersetzung mit Lebensmitteln steigt
das Bewusstsein der Patient*innen in Bezug auf deren Herkunft, Herstellungs-
und Anbauweise. All das hat einen positiven Einfluss auf die Lebensmittelaus-
wahl und das Konsumverhalten. Durch diese Bewusstwerdung kann zudem die
Inzidenz ernährungsassoziierter Erkrankungen gesenkt werden.

© Der/die Autor(en), exklusiv lizenziert durch Springer-Verlag GmbH, DE, ein Teil
von Springer Nature 2022
A. Bauer et al., *Trend Homesteading*, essentials,
https://doi.org/10.1007/978-3-662-65112-4_1

1

Dieses *essential* behandelt die Entwicklung des Essverhaltens von der Vorgeschichte bis ins 21. Jahrhundert. In weiterer Folge werden das Phänomen Homesteading und daraus entstehende Trends erläutert. Danach soll das derzeitige Konsumverhalten im deutschsprachigen Raum anhand von Zahlen und Fakten illustriert werden. Darüber hinaus werden die Rolle der Wirtschaft und die Motivatoren für Homesteading anhand von Interviews erhoben. Auch der Einfluss der COVID-19-Pandemie soll dabei nicht unerwähnt bleiben. Den Abschluss bildet eine zusammenfassende Betrachtung im Lichte der Ernährungspsychologie.

Ernährung im Verlauf der Evolution 2

„Nichts in der Geschichte des Lebens ist beständiger als der Wandel." Charles Darwin, Naturforscher

Die Entwicklung der Ernährung der Hominini, der menschlichen Spezies und deren Vorfahren, interessiert Wissenschaftler*innen aufgrund entstandener Essgewohnheiten und der daraus resultierenden Evolution des Menschen.

Ein Grund für dieses Interesse ist die Sorge um die heutigen Essgewohnheiten der Menschen und die Konsequenzen von Ernährungsentscheidungen, wie zum Beispiel Fettleibigkeit in einigen Kulturen und Hunger in anderen.

≫ Hominide und Hominini
Hominide zählen zur Gruppe der Primaten und werden auch als Menschenaffen bezeichnet.

Hominini bezeichnet alle Arten der Homo-Gattung, dies schließt den heutigen Homo sapiens und seine ausgestorbenen Vorfahren mit ein.

Der Mensch hat gelernt, sich anzupassen und sich in unterschiedlichen Umgebungen zu ernähren. Diese Anpassungen, die sich grundlegend von denen unserer engsten genetischen Verwandten unterscheiden, haben historische Wurzeln unterschiedlicher Tiefe. Der Hauptgrund, warum viele Paläoanthropolog*innen an dieser Thematik interessiert sind, liegt darin, dass die Anpassungen der Ernährung einer bestimmten Art einen starken Einfluss auf Körpergröße, Fortbewegung, Strategien der Lebensführung, geografische Reichweite, Wahl des Lebensraums und soziale Aspekte haben.

© Der/die Autor(en), exklusiv lizenziert durch Springer-Verlag GmbH, DE, ein Teil von Springer Nature 2022
A. Bauer et al., *Trend Homesteading*, essentials,
https://doi.org/10.1007/978-3-662-65112-4_2

Die Ernährung ist der Schlüssel zum Verständnis der Ökologie und Entwicklung der frühen Hominini. Eine Studie über die Auswahl an Lebensmitteln, die von den menschlichen Vorfahren verzehrt wurden, unterstreicht, wie ungesund viele der heutigen Diäten sind (Ungar, 2006, S. 3–30).

Die Entwicklung der menschlichen Ernährung der letzten 10.000 Jahre von einer paläolithischen Ernährung zu den heute vorherrschenden Aufnahmemustern hat zu tief greifenden Veränderungen im Essverhalten geführt. Es gab Verschiebungen von Diäten mit hohem Anteil an Obst, Gemüse, magerem Fleisch und Meeresfrüchten zu verarbeiteten Lebensmitteln mit hohem Gehalt an Natrium, gehärteten Fetten und wenigen Ballaststoffen. Diese Umstellungen haben sich nachteilig auf die Ernährungsparameter ausgewirkt, die mit der Gesundheit in Zusammenhang stehen (Jew et al., 2009). (Abb. 2.1)

2.1 Plünderer und Sammler

Über die Nahrung der Frühmenschen ist nicht viel bekannt. Da sie eher dem Menschenaffen glichen, gehen Forscher*innen davon aus, dass auch ihre Nahrung ähnlich der der heutigen Menschenaffen war.

Es wurden Obst, Wurzeln, Nüsse, aber auch Käfer und Schnecken verzehrt. Da der Mensch zu diesem Zeitpunkt das Feuer noch nicht beherrschen konnte, war der Fleischkonsum gering. So vermuten Paläoanthropolog*innen, dass, wenn doch Fleisch gegessen wurde, dies nicht vom Menschen, sondern von Tieren gejagt wurde und der Mensch deren Beute plünderte. Daher ist der Urmensch bis dahin noch kein Jäger und Sammler, sondern eigentlich ein „Plünderer" und Sammler (Hirschfelder, 2005, S. 20–37).

Archäolog*innen untersuchten den Zahnbelag eines 1,2 Mio. Jahre alten Hominins, der 2007 von einem Forschungsteam in Nordspanien geborgen wurde. Die extrahierten Mikrofossilien wurden auf Spuren von Nahrungsmitteln untersucht, um die frühesten direkten Hinweise auf verzehrte Lebensmittel zu finden.

Diese Funde enthielten Spuren von rohem Tiergewebe, ungekochten Stärkekörnchen, was auf den Verzehr von Gräsern hinweist sowie Pollenkörnern einer Kiefernart, Insektenfragmenten und ein Fragment eines möglichen Zahnstochers. Alle nachgewiesenen Fasern waren nicht verkohlt und es gab auch keine Hinweise auf das Einatmen von Mikrokohle. Das beweist, dass zu diesem Zeitpunkt noch kein Feuer verwendet wurde, um Lebensmittel zu verarbeiten (Hardy et al., 2017).

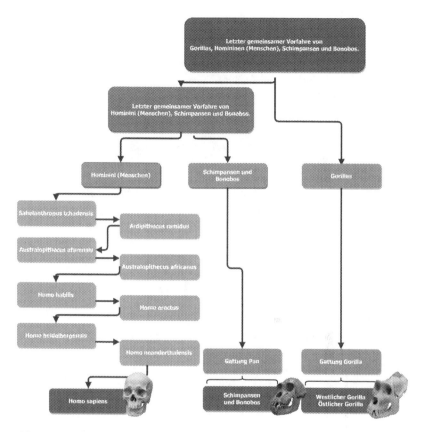

Abb. 2.1 Entwicklung der Hominiden im Verlauf der Evolution

2.2 Das Feuer

Die Erforschung der Umweltfaktoren, die die Anpassung des Menschen vorangetrieben haben, ist noch immer eine Herausforderung für die Wissenschaft. Forscher*innen wissen jedoch, dass sich das Klima vor zwei bis drei Millionen Jahren deutlich verändert hat.

Es gab weitaus weniger Niederschläge als zuvor, sodass unsere Vorfahren mit offeneren, trockeneren Graslandschaften konfrontiert waren, die von einer

Vielzahl von kleinen und großen Tieren bewohnt wurden. Um in dieser aufstrebenden Landschaft zu überleben, mussten die Hominini sich schnell bewegen und anpassen.

Die Fähigkeit, gemeinsam zu handeln, entwickelte sich, um die Nachkommen und die schutzbedürftigeren Mitglieder einer Gruppe sowohl tagsüber als auch nachts vor großen Raubtieren zu schützen.

Das Nahrungsumfeld veränderte sich ebenfalls, da die Menschen nicht mehr auf eine reichliche Versorgung mit Obst angewiesen waren, sondern eine Vielzahl kleiner und großer Tiere fangen sowie Wurzeln und Knollen essen konnten. Diese Nachfrage nach Nahrung hat die Entwicklung eines kooperativen und sozialen Verhaltens gefördert. Die neue Umgebung bedeutete eine wesentliche Änderung der Ernährungspraktiken, die viel mehr Protein, Fett und Mineralien bereitstellte.

Wissenschaftler*innen entdeckten, dass die Fettsäure-Desaturase-Enzyme (FADS I und II) in dieser Phase auftraten. Sie ermöglichten, die in Tieren gefundene Ölsäure zu verlängern, in Triglyceride einzubauen und zu entsättigen. So wurden langkettige essenzielle Fettsäuren produziert. Die Verfügbarkeit von Fett, einschließlich essenzieller Fettsäuren und Proteinen, nahm also deutlich zu. Diese Ernährungsumstellung lieferte die Substrate, die das Wachstum des Gehirnvolumens und in Folge eine ganze Reihe von Verhaltensänderungen und sozialen Entwicklungen ermöglichten. (Abb. 2.2)

Forscher*innen erkannten anhand der Anatomie von gefundenen Knochenstücken, dass dies die Zeit war, in der das Gehirn schnell wuchs und sich in etwa verdoppelte. Es erforderte viel mehr Energie sowie Fettsäuren, um für die enorme Zunahme der Masse der Zellmembranen zu sorgen. In dieser neuen

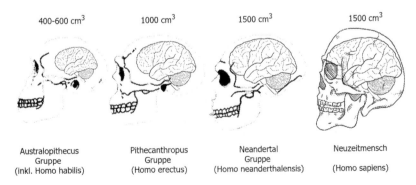

| 400-600 cm^3 | 1000 cm^3 | 1500 cm^3 | 1500 cm^3 |

Australopithecus	Pithecanthropus	Neandertal	Neuzeitmensch
Gruppe	Gruppe	Gruppe	
(inkl. Homo habilis)	(Homo erectus)	(Homo neanderthalensis)	(Homo sapiens)

Abb. 2.2 Entwicklung des Gehirnvolumens im evolutiven Verlauf

Umgebung waren die Fettsäuren und die Proteinversorgung reichlicher vorhanden, da Gruppen von Individuen auch gemeinsam daran arbeiteten, Tiere zu jagen.

Dieses soziale Lernen, das an die folgenden Generationen weitergegeben wurde, brachte ebenfalls einen enormen Unterschied zum vorherigen Verhalten. Die Entdeckung des Feuers machte es durch seine transformierende Wirkung möglich, Nahrung leichter zu essen, zu verdauen und die Nährstoffe zu absorbieren (James et al., 2019).

Für den Menschen wurde das Feuer aus vielen Gründen wichtig, speziell wegen des Kochens, des Schutzes und der Wärme. Die meisten dieser Nutzungsarten setzten ein gewisses Maß an Kontrolle voraus. Im Gegensatz dazu erforderte die Suche nach Feuer nur eine Anziehungskraft auf Brände, in der Hoffnung, von zusätzlichen Ressourcen zu profitieren.

Für Hominini könnten Vorteile darin bestanden haben, Vogeleier, Nagetiere, Eidechsen und andere Kleintiere sowie wirbellose Tiere als Nahrungsquelle neu zu entdecken, da sie nun aufgrund der Zubereitung durch das Feuer verdaut werden konnten.

Auf die frühen Begegnungen mit dem Feuer folgte eine Intensivierung von dessen Gebrauch, die tief greifende Auswirkungen auf die menschliche Kultur und sogar auf die Biologie hatte. So hat Feuer eine wichtige Rolle bei der Umgestaltung der menschlichen Ernährung gespielt.

Abgesehen von seinen Auswirkungen auf die Umwelt ist es außerdem sozial eingebettet und wird seit jeher sogar in religiösen Ritualen verwendet.

Insgesamt dokumentiert die archäologische Aufzeichnung viele tausende Ereignisse von Hominini-Aktivitäten, aber die Wahrscheinlichkeit, dass Feuerrückstände erhalten bleiben, ist außergewöhnlich gering. Dies liegt zum Teil daran, dass Spuren vom Brennen über die Jahre verschwinden. In diesem Licht erscheint es bemerkenswert, dass es insgesamt so viel Feuer in der Aufzeichnung über die Menschheit gibt (Gowlett, 2016, S. 1–12).

2.3   Agrikultur und Viehzucht im Altertum

Nachdem die Menschen bereits lange zuvor das Feuer entdeckt, für sich genutzt und dadurch die vergangenen Eiszeiten überlebt hatten, standen sie vor weiteren Herausforderungen. Aufgrund der Kälte konnten die Menschen nicht sesshaft werden und zogen weiter, wenn es in ihrer Umgebung keine Nahrung mehr gab.

In der Jungsteinzeit, dem Neolithikum, vor etwa 10.000 Jahren, veränderte sich das Klima auf der Erde und es wurde wärmer (Civitello, 2011, S. 5). Die

Menschen begannen geschliffene Steinwerkzeuge herzustellen und zu nutzen. Damit veränderte sich die Lebensweise des Menschen und es kam zur soge-nannten neolithischen Revolution. Diese war der Wendepunkt für die bisherigen Jäger und Sammler, denn sie wurden sesshaft, pflanzten Samen an und hielten Tiere (Mazoyer & Roudart, 2012, S. 45–46).

Anfangs wurden Tiere wie zum Beispiel Schafe und Ziegen domestiziert, danach auch Kühe und Schweine. Im Laufe der Zeit begannen die Menschen Waldflächen durch Brandrodung fruchtbar zu machen und bauten zuerst Gerste und nach und nach auch Weizensorten wie Emmer und Einkorn an.

Die Sesshaftwerdung brachte den Menschen mehrere Vorteile. Zum Beispiel hatten sie Lebensmittel wie Getreide oder Wein, die Nomadenvölker nicht hatten (Civitello, 2011, S. 6–7).

Mit dem Beginn des Ackerbaus und der Nutztierhaltung entwickelten sich unterschiedliche soziale Schichten. Durch die Aufteilung der Landwirtschaftsbe-reiche war die Nahrung der Bauern abhängig davon, was sie anpflanzten.

Das Essen der Armen beschränkte sich hauptsächlich auf pflanzliche und kohlenhydratreiche Nahrungsmittel. Fleisch und Fisch waren den Privilegierten vorbehalten, da sie es sich leisten konnten, Tiere schlachten zu lassen und durch neue Nutztiere zu ersetzen (Ketz & Kienast, 1972).

Die Gletschermumie von Similaun, im deutschen Sprachraum auch als Ötzi bekannt, die älteste ihrer Art, offenbarte vieles über das Leben in der Jungstein-zeit beziehungsweise Kupferzeit (Zink & Maixner, 2019). Die Untersuchung des Darminhaltes der Mumie zeigte, dass sie zuletzt Weizen und Rothirsch gegessen hatte (Rollo et al., 2002).

In der Epoche der Jungstein-, Bronze- und Eisenzeit entwickelte sich durch die Entstehung von Privateigentum auch die Sklavenhaltergesellschaft. Während die Eigentümer von Sklaven und Landwirtschaften durch produktivere Herstellungs- und Erntemethoden immer reicher wurden, vergrößerte sich die Armut und somit die Abhängigkeit der Sklaven. Obwohl Nahrung im Überfluss produ-ziert wurde, war Mangelernährung in den unteren Bevölkerungsschichten weit verbreitet (Ketz & Kienast, 1972).

Die sich in der griechischen Antike entwickelnde Staatsform der Demokratie spiegelte sich auch in der Ernährung der Griechen wider, die, unabhängig von der Gesellschaftsklasse, die gleichen Grundnahrungsmittel nutzten. Dabei repräsen-tierte das Brot gleichsam die Errungenschaften der Zivilisation, da der gesamte Herstellungsprozess, vom Anbau bis zur Verarbeitung, in Menschenhand lag.

Brot, Wein und Olivenöl waren in der Antike im Mittelmeerraum nicht nur die drei wichtigsten Lebensmittel, sondern auch heilige Opfergaben an die Götter.

Weiters aßen die Griechen Fische, wie Steinbutt, Barsch, Seebrasse, Aal und Tintenfisch, die wichtige Proteinlieferanten waren.

In Griechenland gab es aufgrund der steinigen Landschaft zu wenig Anbaufläche für Getreide, um die gesamte Bevölkerung versorgen zu können. Daher waren Handel, Eroberung und Kolonisation anderer Regionen unabdingbare Maßnahmen, um durch Expansion die lebensnotwendige Versorgung mit Nahrungsmitteln sicherzustellen (Civitello, 2011, S. 25–26).

Auch für die Römer galten Getreide, Olivenöl und Wein als die wichtigsten Nahrungsmittel. Neben Brot aus Weizen- oder Dinkelmehl war jedoch auch Brei aus Gerste sehr beliebt (Hirschfelder, 2005, S. 81). Ein Bürger mit einer kleinen Landwirtschaft aß täglich Getreidebrei mit proteinreichen Bohnen und reichlich Gemüse dazu. Obwohl die Römer Schweinefleisch dem Fisch vorzogen, würzten sie ihre Speisen traditionell mit „garum", einer fermentierten Fischsauce (Pilcher, 2005, S. 11–12).

Die römischen Meisterköche verstanden es, Schweinefleisch so zuzubereiten, dass es nach Geflügel schmeckte. Allgemein wurde in der römischen Küche reichlich mit frischen Kräutern, wie zum Beispiel Dill, Oregano, Koriander, Liebstöckel oder Kümmel, gekocht. Auch Salz, Pfeffer und Essig waren wichtige Gewürze für die Zubereitung von Speisen.

Um Fleisch mit einem sehr kräftigen Eigengeschmack, wie zum Beispiel Kranichfleisch, schmackhaft zuzubereiten, wurden süße und saure Zutaten kombiniert (Hirschfelder, 2005, S. 86–87).

2.4 Ernährung vom Mittelalter bis zur Neuzeit

Agrikultur und Viehzucht nahmen im Mittelalter immer größere Dimensionen an. Kleine Orte, wo Produktionen, wie zum Beispiel landwirtschaftliche Betriebe, ansässig waren, die immer mehr Waren exportierten, wurden zu Städten (Dhondt, 2002, S. 256).

Die Ernährung im Mittelalter veränderte sich zunehmend. Bei einem Festmahl der Reichen durften neben Schlachttieren wie Schweine Wildspeisen nicht fehlen, da die Jagd ein Privileg der Wohlhabenden war. Es wurde üppig aufgetischt und der Überfluss an Speisen regelrecht zelebriert (Schulz, 2011, S. 82).

In der Speisenzubereitung wurden Wurzeln und Kräuter wie Kerbel, Dill, Gartenmohn, Lattich, Pastinaken, Knoblauch und Zwiebel (Dhondt, 2002, S. 87) sowie die Standardgewürze Salz und Pfeffer verwendet. Damals war Pfeffer eine teure Importware, daher wiesen pfeffrig gewürzte Speisen auf hohen Wohlstand hin. Weiters wurde er auch genutzt, um den Geschmack von bereits ranzigem Fleisch zu überdecken (Schulz, 2011, S. 93–95).

Das Ende des Mittelalters war von Hungersnöten geprägt, die Ausbeutung, Misswirtschaft und Kriege als Ursache hatten. Darunter litten primär die Armen, während die Festtafeln der Wohlhabenden weiter überfüllt waren (Ketz & Kienast, 1972). Dazu kamen aufgrund unzureichender Hygiene Epidemien wie die Pest hinzu, die die arbeitende Bevölkerung dezimierte. Daraus entstand ein fataler Kreislauf, der einen Einschnitt in die bislang wachsende Weltbevölkerung bedeutete. Erst die Einführung von hygienischen Praktiken führte zu einer Verbesserung (Romano & Tenenti, 1997, S. 5–6).

Im 16. Jahrhundert löste das kapitalistische System den Feudalismus in Europa großteils ab. Die Agrarproduktion wurde durch die Entstehung von Kapitalgesellschaften neu organisiert. Ein Weltmarkt wurde geschaffen, in dem Regionen und Länder miteinander verbunden waren. Diese Veränderungen brachten Widerstandsbewegungen hervor, wodurch es zu Rebellionen und Kriegen kam (Dülmen, 2004, S. 3–5). Dennoch wurden seither Lebensmittel aus aller Welt nach Europa importiert.

Als die Kartoffel im 16. Jahrhundert nach Europa kam, interessierten sich damals nur Wissenschaftler*innen für die Knolle, weil sie ihr Heilkräfte zusprachen. Bereits Anfang des 18. Jahrhunderts war sie Bestandteil der Habsburger Festtafeln. Die Bürger*innen jedoch verweigerten die Kartoffel als Grundnahrungsmittel. Erst als Mitteleuropa von Hungersnöten geplagt wurde, griff das Volk auf Kartoffeln zurück und sie entwickelten sich zu einem Nahrungsmittel für Arme (Hirschfelder, 2005, S. 157–159).

Im Zuge der Aufklärung, Ende des 18. Jahrhunderts, begannen Wissenschaftler*innen vieles kritisch zu hinterfragen. Voltaire fragte sich etwa, warum Christen während der Fastenzeit kein Fleisch, aber sehr wohl Fisch essen dürfen. Auch Jean Jacques Rousseau, selbst überzeugter Vegetarier, übte Kritik an der Gesellschaft und deren Fleischkonsum. Menschen, die Tiere essen, sollten diese auch mit ihren bloßen Händen töten und keine Hilfsmittel wie Messer dafür verwenden oder sogar Metzger diese grausame Aufgabe für sich übernehmen lassen (Allen & Albala, 2003, S. 134–135).

Im 19. Jahrhundert war „Fleisch essen" ein Zeichen für Wohlstand. Gutverdienende Familien, die in Fabriken arbeiteten, konnten sich täglich Fleisch, Speck und Käse leisten. In ärmeren Familien gab es nur einmal wöchentlich Fleisch, den sogenannten Sonntagsbraten (Hirschfelder, 2005, S. 173).

2.5 Essen in Zeiten des Krieges

Als der Erste Weltkrieg in den Jahren 1914–1918 wütete, wurden Strukturen, die das 19. Jahrhundert geprägt hatten, zerstört. In Europa entwickelten sich verschiedene Esskulturen über die Grenzen hinaus. Das Ernährungsverhalten wurde in Kriegszeiten stark von Hunger beeinflusst, es entstand aus der Not heraus eine vorübergehende Sonderküche. In Deutschland gab es bereits vor dem Ersten Weltkrieg Engpässe in der Lebensmittelproduktion, da das Wachstum der Bevölkerung zu rasch fortschritt. So musste kurz nach Kriegsbeginn Getreide stärker vermahlen werden, Brot wurde ein gewisser Anteil an Roggen- beziehungsweise Kartoffelmehl und später auch Kohlrüben beigemengt. Der Fleischverzehr reduzierte sich durch die Ressourcenknappheit auf ein Fünftel. Das änderte jedoch nichts am gewohnten Sonntagsbraten, der sich hartnäckig im Speiseplan hielt und nur an Größe einbüßen musste. Als die Brotversorgung nicht mehr gewährleistet war, gewann die Kartoffel immer mehr an Bedeutung.

Durch den Preisanstieg von Reis, Grieß, Graupen und Hülsenfrüchten verringerte sich die Nahrungsmittelpalette. Zusätzlich wurden die wöchentlichen Rationen Mehl, Getreide, Kartoffeln und Zucker, die vom Staat ausgegeben wurden, immer weiter reduziert (Hirschfelder, 2005, S. 209–213). Je knapper die vorhandenen Lebensmittel wurden, desto größer wurde die Produktion von Ersatzstoffen, wie zum Beispiel die der Kohlrübe (BMEL, 2018, S. 11). Die Menschen begannen, Blumenbeete in Gemüsegärten zu verwandeln und auf Balkonen und in Hinterhöfen Gemüse anzubauen. Es entstanden neue Gerichte mit Brennnesseln, Löwenzahn, Rübenblättern und Spitzwegerich (Hirschfelder, 2005, S. 214). Auch auf Getränke wirkte sich die Nahrungsmittelknappheit aus, so entstand der sogenannte Ersatzkaffee aus gerösteter Gerste (Rübenkamp, 2016).

Das größte Problem war jedoch die Fettversorgung, weshalb die Margarine immer mehr an Bedeutung gewann. Durch die bestehende Seeblockade konnten Öl und Fett nicht mehr nach Deutschland importiert werden, sodass der durchschnittliche Fettverbrauch von 230 g auf 70 g pro Person sank. Das führte dazu, dass die Deutschen durchschnittlich 20 % ihres Körpergewichts verloren.

In der Weimarer Zeit, von 1918–1933, wurden Lebensmittel nicht mehr nur anhand der Quantität, sondern auch ihrer Qualität beurteilt (Hirschfelder, 2005, S. 214–220). Nachdem die gesundheitsfördernde Rolle der Vitamine erkannt worden war, gab es erste Versuche künstlicher Vitaminzufuhr, außerdem stieg der Konsum von Südfrüchten an (Stark, 2018). Es wurden neue Zubereitungsarten wie zum Beispiel das Dämpfen beworben, um Vitamine besser zu erhalten. Außerdem entstand ein Misstrauen gegenüber Konserven, da vermutet wurde,

dass dadurch die Qualität der Nahrung negativ beeinflusst werde. Die Unter-
schiede der Ernährungsweisen zwischen in der Stadt und am Land wohnenden
Personen wurden immer größer.

In Zeiten des Nationalsozialismus wurde die Esskultur dahin gehend beeinflusst, dass fremde Speisen, Rezepte und Zubereitungsarten aus dem Speiseplan
ausgeschieden werden sollten (Hirschfelder, 2005, S. 220–225). Um die Zugehörigkeit zum „Deutschen Volkskörper" zum Ausdruck zu bringen, sollten
Eintopfsonntage und fleischlose Tage in das Leben der deutschen Familie inte-
griert werden (Rübenkamp, 2016). Durch die staatlich gelenkte „Brotpolitik"
wurde eine neue Brotsorte hergestellt, nämlich das Vollkornbrot, das nur von
„Ariern" verzehrt werden durfte und als gesund, nahrhaft und als Kariesprä-
vention beworben wurde. Die Ernährungsweise, die vom Nationalsozialismus
befürwortet wurde, war fettarm und mit einem geringen Anteil an tierischen
Produkten (Hirschfelder, 2005, S. 225–230). Außerdem wurde versucht, den
Fischkonsum zu erhöhen, da Fische keine teuren Futtermittel benötigen (BMEL,
2018, S. 17).

Durch die Gemeinschaftsverpflegung konnte genau geregelt werden, mit wel-
chen Nährstoffen und Vitaminen eine Person versorgt wurde. Etwa ein Drittel der
Deutschen erhielt so seine Mahlzeiten. Aus den Kriegen entstanden kaum Neu-
schöpfungen, lediglich Ersatzstoffe brachten für die Bevölkerung Veränderungen.
Ein Beispiel dafür ist Lebertran, der durch künstliche Vitamine ersetzt wurde
(Hirschfelder, 2005, S. 228–233).

2.6   Die Konsumgesellschaft

Nach dem Krieg fand eine allmähliche Neuorientierung in der Ernährungskul-
tur statt. Da komplexe Systeme wie eine Gesellschaft auf einen Wandel träge
reagieren, hielten die Menschen an altbewährten Verhaltensmustern, wie der tra-
ditionellen Tischgemeinschaft, fest, da diese unter anderem emotionale Stabilität
brachten. Das Essen wurde weiterhin mittels Essenskarten ausgeteilt, jedoch
wurden die Rationen deutlich reduziert (Hirschfelder, 2005, S. 234–238). Personen, die eine Landwirtschaft hatten und als Getreidebauern Ernte hinterzogen
beziehungsweise als Viehzüchter Schwarzschlachtungen durchführten, konnten
sich vollständig selbst versorgen. Diese hatten im Vergleich zu Normalverbrau-
cher*innen ungefähr das Vierfache an Fleisch pro Kopf zur Verfügung und waren
somit nicht auf die Essenskarten angewiesen (Rothenberger, 1995).

Die neuen kulturellen Normen wurden von Landwirtschaft und Industrie
geprägt. Es kamen standardisierte Lebensmittel anstelle von regionalspezifischen

Gerichten auf den Tisch. Das familiäre Ritual des gemeinsamen Essens wurde teilweise von der Massenabfertigung in der Kantine abgelöst. Ab 1950 stieg das Angebot an Lebensmitteln, die Landwirtschaft wurde mechanisiert und Agrarimporte erhöht (Hirschfelder, 2005, S. 239–240). Vor allem Bananen und Orangen wurden vermehrt importiert. Die Beliebtheit von Fleisch und Bier stieg nach der jahrelangen Rationierung.

Im Jahr 1955 kamen in Deutschland erstmals Fertig-Tiefkühlprodukte auf den Markt (BMEL, 2018, S. 24), damit verbunden auch der Einsatz von Geschmacksverstärkern. Weiters änderte sich die Vertriebsform, der Supermarkt revolutionierte den Lebensmittelhandel. Durch die Selbstbedienung im Handel gewannen das Aussehen von Waren und die Markenidentitäten an Relevanz. 1958 wurde das Lebensmittelgesetz in Deutschland eingeführt, was zu Einschränkungen beim Einsatz von Zusatzstoffen in Nahrungsmitteln und zu strengeren Produktionskontrollen führte (Hirschfelder, 2005, S. 251).

Aufgrund der Etablierung des Haushaltskühlschranks Mitte der 1960er Jahre in Deutschland konnten mehr frische Nahrungsmittel konsumiert werden (BMEL, 2018, S. 27). Die Konservierungsmethoden, die bisher benötigt wurden, um Lebensmittel frisch zu halten, wie Trocknen, Räuchern, Einkochen und Einsalzen, wurden in den Hintergrund gedrängt (Hirschfelder, 2005, S. 244–245). Die verbesserte Mobilität verschaffte einen Einblick in fremde Esskulturen und hatte deshalb Auswirkungen auf die mitteleuropäischen Ernährungsgewohnheiten.

In den 1980er Jahren wurde begonnen Lightprodukte zu bewerben, da das durchschnittliche Körpergewicht der Bevölkerung stieg (BMEL, 2018, S. 26–34). Diese hatten den Vorteil, dass nur das Kaufverhalten verändert und nicht die Ernährung umgestellt werden musste (Hirschfelder, 2005, S. 252–254). Zu dieser Zeit entstand außerdem ein neues Umweltbewusstsein, alte Getreidesorten wurden wiederentdeckt und die Zahl an Naturkost- und Bioläden stieg stetig (BMEL, 2018, S. 33). In den 1990er Jahren war im Vergleich zum Ende der 1980er Jahre ein Anstieg des Getreide-, Fleisch-, Obst- und Gemüsekonsums zu beobachten, wohingegen die Fettzufuhr in diesem Zeitraum sank (Mensink et al., 2002, S. 125–127).

2.6.1 Das 21. Jahrhundert – die heutige Überflussgesellschaft

Im neuen Jahrhundert rückte der Nahrungsmangel der Nachkriegszeit in den Hintergrund. In der sich daraus entwickelnden Überflussgesellschaft wurde einerseits der Hunger freiwillig gesucht, um den neuen Schönheitsidealen der Mediengesellschaft gerecht zu werden. Andererseits ist Essen ein Statussymbol, dient der Bedürfnisbefriedigung und schafft emotionale Sicherheit, weshalb häufig auf gewohnte Geschmacksrichtungen und Lebensmittel zurückgegriffen wird. Dem Anstieg der Werbung folgte der steigende Konsum von Fertiggerichten. Regionalspezifische Essgewohnheiten bleiben jedoch bis heute bestehen, da sie das Bedürfnis nach Identität befriedigen (Hirschfelder, 2005, S. 255–257).

Das gemeinsame Zusammensitzen während des Essens verschwindet seit dem letzten Jahrhundert immer mehr (Schneider, 2001). Im ersten Jahrzehnt des neuen Jahrtausends erlebten die sogenannten funktionellen Lebensmittel, die mit zusätzlichen Inhaltsstoffen angereichert sind und angeblich einen positiven Effekt auf die Gesundheit haben sollen, einen Aufschwung. Denn ein Teil der Bevölkerung entwickelte ein Gesundheitsbewusstsein, das zu einer Ernährung führte, die erhöhte Ansprüche an Lebensmittel stellt. Diese sollen heimisch, ökologisch und tiergerecht sein (BMEL, 2018, S. 40). Der Großteil der Gesellschaft sorgt für eine erhöhte Nachfrage von tierischen Produkten, was zu einem gesteigerten Anbau von Getreide und Soja als Futtermittel führt. Die industrielle Verarbeitung von Lebensmitteln nimmt stark zu, immer mehr Verbraucher*innen greifen auf diese zurück und verlernen gleichzeitig das traditionelle Zubereiten von Speisen (Krawinkel et al., 2008). (Abb. 2.3)

In den letzten zehn Jahren sind beträchtlich mehr alternative Ernährungsweisen wie zum Beispiel paleo, clean eating, vegetarisch und vegan entstanden. Auch werden Produkte, die viele Vitamine, Antioxidantien oder Flavonoide enthalten, sogenannte Superfoods, zum Trend. Durch das Teilen von Inhalten des Alltags in sozialen Medien wird das Essverhalten Ausdruck des Lebensstils (BMEL, 2018, S. 44–45).

In der Bevölkerung findet ein globaler Ernährungswandel statt, der auch als „Nutrition Transition" bezeichnet wird. Dieses Modell beschreibt die Phasen der gesellschaftlichen Entwicklung in Bezug auf das Essverhalten, die durch das Wirtschaftswachstum und die Lebensmittelverarbeitung beeinflusst werden. Außerdem wird dargestellt, dass Menschen nach einer Hungerperiode Übergewicht entwickeln, das mit degenerativen Krankheiten verbunden ist. Dadurch findet eine Verhaltensänderung statt, in der das Übergewicht durch eine ausgewogene Ernährung reduziert wird und somit die ernährungsbedingten Erkrankungen zurückgehen (Waskow & Rehaag, 2011, S. 144). (Abb. 2.4)

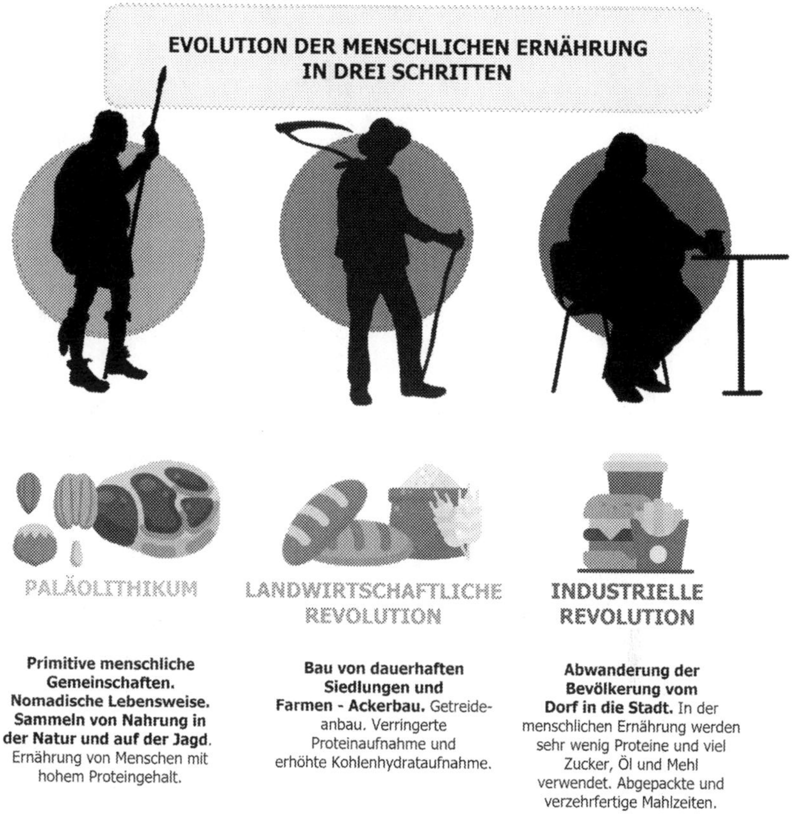

EVOLUTION DER MENSCHLICHEN ERNÄHRUNG
IN DREI SCHRITTEN

PALÄOLITHIKUM

LANDWIRTSCHAFTLICHE REVOLUTION

INDUSTRIELLE REVOLUTION

Primitive menschliche Gemeinschaften. Nomadische Lebensweise. Sammeln von Nahrung in der Natur und auf der Jagd. Ernährung von Menschen mit hohem Proteingehalt.

Bau von dauerhaften Siedlungen und Farmen - Ackerbau. Getreideanbau. Verringerte Proteinaufnahme und erhöhte Kohlenhydrataufnahme.

Abwanderung der Bevölkerung vom Dorf in die Stadt. In der menschlichen Ernährung werden sehr wenig Proteine und viel Zucker, Öl und Mehl verwendet. Abgepackte und verzehrfertige Mahlzeiten.

Abb. 2.3 Evolution der menschlichen Ernährung in drei Schritten

Fazit

• Im Zuge der Evolution hat der Mensch gelernt, das Feuer für sich zu nutzen, ist sesshaft geworden und hat mit Agrikultur und Viehzucht begonnen.

• Die Industrialisierung war der erste große Schritt in Richtung Massenproduktion.

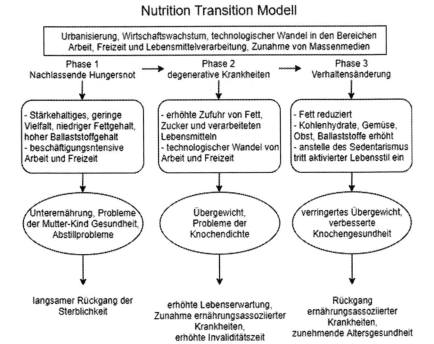

Abb. 2.4 Darstellung der Phasen des Nutrition Transition Modells

- In Kriegszeiten waren die Menschen immer wieder mit Lebensmittelknappheit konfrontiert und zelebrierten daher den Wandel zur Konsumgesellschaft in den danach folgenden Jahren.
- Nahrungsmangel ist in den heutigen Industriestaaten in den Hintergrund gerückt. Der Überkonsum an Nahrung und die damit verbundenen negativen gesundheitlichen Folgen nehmen vermehrt zu.

Homesteading

3

"The greatest fine art of the future will be the making of a comfortable living from a small piece of land." Abraham Lincoln, US-Präsident (1861–1865)

Der Begriff Homesteading stammt aus den Vereinigten Staaten von Amerika und wird im deutschsprachigen Raum eher selten verwendet. Die Bedeutung des Wortes ist dem deutschen Wort Selbstversorgung aber fast gleichzusetzen.

Die modernen Homesteader haben ihre eigene kleine Landwirtschaft, sie legen Wert auf die Erhaltung und Lagerung von Lebensmitteln zu Hause. Selten produzieren sie ihre eigenen Textilien, Kleidung oder stellen Kunst her (Baker, 2020, S. 6–12).

▶ **Homesteading** Homesteading ist ein englischer Begriff, der umgangssprachlich einen Lebensstil beschreibt, der eine Selbstversorgung mit Lebensmitteln und/oder Produktion von Textilien, Energiegewinnung und Wasserversorgung impliziert.

Urbanes Homesteading fand Einzug in kleine und große Städte. Für viele Menschen ist es eine alternative Lebensweise, mit der sie sich emotional verbunden fühlen. Dabei werden auch traditionelle Fertigkeiten wieder neu erlernt. Homesteader schätzen Sparsamkeit und gemeinschaftliche Selbstständigkeit. Sie leben, soweit es möglich ist, im Einklang mit der Natur und wollen dem „turbulenten" Alltag einer schnelllebigen Gesellschaft entfliehen. Außerdem respektieren sie indigene Völker und deren Lebensart. Für sie ist es zudem wichtig, Produkte von

A. Bauer et al., *Trend Homesteading*, essentials, https://doi.org/10.1007/978-3-662-65112-4_3

Firmen zu kaufen, die die Umwelt respektieren und erneuerbare Energien nutzen (Kaplan & Blume, 2011, S. 22).

Geschichtlicher Hintergrund

In den Vereinigten Staaten von Amerika des 19. Jahrhunderts gab es im Rahmen der damaligen Homesteading-Initiative einen großen Transfer öffentlichen Landbesitzes von der U.S.-Regierung an Familienfarmer. Von den Homesteadern wurde erwartet, dass sie auf ihren Farmen leben, arbeiten und sich so das Eigentum an dem Land verdienen. Der „Homestead Act" von 1862, eingeführt von Präsident Abraham Lincoln, übertrug insgesamt 270 Mio. Hektar öffentlichen Landes an die Homesteader. Um nach der Registrierung einen Anspruch zu erhalten, musste der Homesteader ein Haus bauen und nachweisen, dass das Land fünf Jahre bewirtschaftet wurde. Von diesen Farmern wurde erwartet, dass sie ein Interesse am Wohlergehen ihrer Gemeinden haben. Solche Gemeinschaften wurden als grundlegend angesehen, um eine demokratische Gesellschaft aufrechtzuerhalten (Christensen & Levinson, 2003, S. 22).

Als Reaktion auf die „Große Depression" wurde 1933 vom US-Präsidenten Franklin D. Roosevelt eine neue Abteilung der Bundesregierung, die „Subsistence Homestead Division", ins Leben gerufen, um die Lebensbedingungen von Menschen zu verbessern, die aus den überfüllten städtischen Zentren wegziehen wollten. Ihnen wurde gleichzeitig die Möglichkeit gegeben, Erfahrungen in der kleinbäuerlichen Landwirtschaft und im Hausbesitz zu sammeln.

Homesteading wurde dabei wie folgt definiert: „Ein Homesteader besitzt ein Haus und Nebengebäude auf einem Grundstück, auf dem ein großer Teil der von der Familie benötigten Lebensmittel angebaut wird." Das bedeutete also eine Produktion für den Eigenverbrauch und nicht für den kommerziellen Verkauf. Das zentrale Motiv des Homesteading-Programms ist daher, den wirtschaftlichen Wert eines Lebensunterhalts zu demonstrieren, der Teilzeit-Lohnarbeit und Teilzeit-Gartenarbeit oder Landwirtschaft kombiniert (Borsodi, 2012, S. 5–33).

US-amerikanische Städte wie New York City nutzten die Politik des urbanen Homesteadings, um Bürger*innen zu ermutigen, leerstehende Immobilien zu besetzen und wiederaufzubauen. Die Politik des „U.S. Department of Housing and Urban Development" erlaubte es, dass Immobilien, die sich in Bundesbesitz befanden, für nominale Beträge von nur einem Dollar an Homesteader verkauft wurden (Christensen & Levinson, 2003, S. 22–51).

Heutzutage leben Homesteader nicht nur in ländlichen Gebieten, sondern auch in Vorstadtvierteln oder sogar Hochhäusern. Moderne Homesteader wollen ihren Familien ein wertvolleres Leben bieten und nahrhafte Lebensmittel anbauen (Hess, 2012, S. 1–25). (Abb. 3.1)

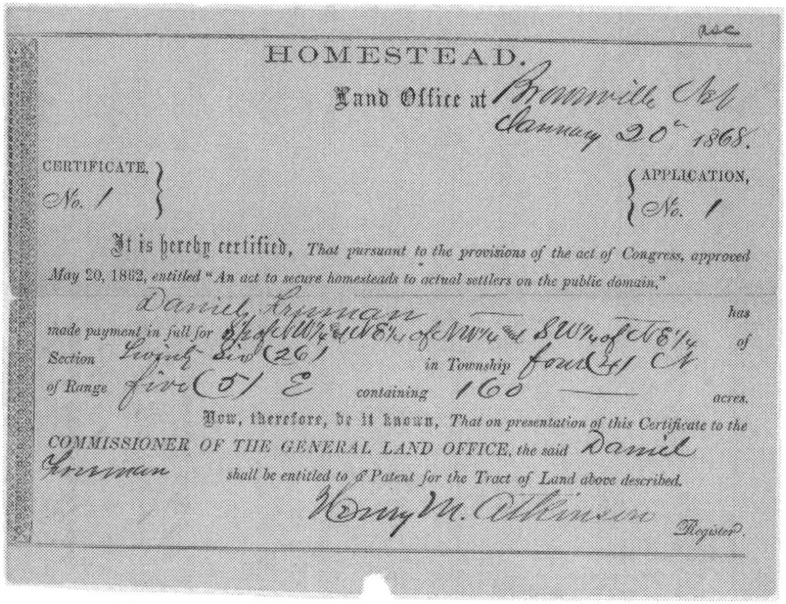

Abb. 3.1 Erster unterschriebener Homesteading Vertrag (1868)

3.1 Sozioökonomische Aspekte

Überall auf der Welt treffen zunehmend mehr Menschen die Entscheidung, ihr Zuhause in einen Ort der Kleinlandwirtschaft zu verwandeln. Sie bauen ihr eigenes Obst und Gemüse an, züchten Schlachttiere und halten Hühner zum Zwecke der Versorgung mit Eiern. Essen ist ein universeller Akt, aber die Produktion von Nahrung ist es nicht. Menschen wenden sich der Landwirtschaft zu, obwohl sie das ganze Jahr über Zugang zu reichhaltigen und erschwinglichen Lebensmitteln haben. Es zeigt sich, dass die Homesteader als Gruppe nicht von einer einzigen Sache oder Philosophie überzeugt sind, sondern es lassen sich mehrere Trends innerhalb der vielfältigen Bewegung ausmachen. Einige vertiefen ihre Beziehung zur Natur, andere folgen einer Philosophie der Selbstversorgung, die an den Individualismus des 19. Jahrhunderts erinnert. Manche Homesteader werden von einem entgegengesetzten Impuls angetrieben und betrachten ihre Nahrungsmittelproduktion als einen Weg,

Freunde zu finden, eine Gemeinschaft aufzubauen und wirtschaftliche Ungleichheiten zu bekämpfen (Kingsley, 2020, S. 3). Zwei der wichtigsten Motive für Homesteading werden im Folgenden erläutert.

3.1.1 Gesundheit

Der vielleicht wichtigste Grund, warum immer mehr Menschen zum Homesteading zurückkehren, ist der Wunsch, so viel Kontrolle wie möglich darüber zu haben, was sie essen (Pezza, 2015, S. 14–20). Selbst, wenn sonst nichts am Lebensstil geändert wird, ist es möglich durch das Kochen mit natürlichen Lebensmitteln die Anzahl an künstlichen Zusatzstoffen, wie auch die Menge an Kalorien, Fett und Zucker zu reduzieren (Wolfson & Bleich, 2015). Da die meisten dieser Zusatzstoffe noch nicht lange auf dem Markt sind, machen sich zahlreiche Homesteader Gedanken, wie diese sich langfristig auf ihre Gesundheit auswirken. Viele sind der Ansicht, dass solche Stoffe schädlich für den Körper sind (Niemann, 2011, S. 2–6).

Die Chemikalien, die bei der Massenproduktion zur Schädlingsbekämpfung verwendet werden, sind ein weiterer Grund, warum Homesteader ihr Obst und Gemüse selbst anbauen. So haben sie die Kontrolle darüber, ob beziehungsweise welche Mittel eingesetzt werden. Auch in tierischen Produkten, die nicht selbst produziert werden, sind oft Reste von Impfstoffen und Medikamenten nachweisbar (Niemann, 2011, S. 2–6).

3.1.2 Umwelt

Ein weiterer Grund, Homesteading zu betreiben, ist der Umweltschutz. Jeder Artikel, der verpackt und transportiert wird, verbraucht Energie und Ressourcen. Oft ist der ökologische Fußabdruck, den das Essen hinterlässt, vielen Menschen nicht bewusst (Wackernagel & Beyers, 2019, S. 1–10). Der regelmäßige Verzehr von Lebensmitteln, die außerhalb der Saison angebaut oder tausende von Kilometern transportiert werden, ist nicht nachhaltig. Vor der Erfindung von Kühlung, Einfrieren und Konservierung überlebten Menschen auch ohne diese Hilfsmittel. Die heutigen Essgewohnheiten haben sich also nicht aus der Not heraus entwickelt, sondern sind eine Reaktion auf Verfügbarkeit, technische und logistische Möglichkeiten sowie auf die Werbung.

Zusätzlich zum Transport benötigen Lebensmittel, die über weite Strecken geliefert werden, auch mehr Verpackungen. Diese sind häufig aus Plastik, das aus Erdöl hergestellt wird und meistens nicht biologisch abbaubar ist. Oft müssen diese Produkte bei kontrollierten Temperaturen gelagert werden, was mehr Energie erfordert. Für Fertiggerichte wird noch mehr Verpackung benötigt, da sie sich oft in einer Plastikschale befinden, die wiederum mit Plastik versiegelt wird und außen eine weitere Verpackung aus Karton hat.

Beim Homesteading braucht es keine Verpackung, da die Lebensmittel frisch im Garten geerntet werden. Um sie länger haltbar zu machen oder sie zu lagern, wird oft auf Schraubgläser oder andere wiederverwendbare Gefäße zurückgegriffen (Niemann, 2011, S. 18–20).

3.2   Rolle der Wirtschaft

Die Sichtweise auf die Wirtschaft hat einen großen Einfluss auf die Entscheidung, ob Menschen zu Homesteadern werden oder nicht. Viele Homesteader sind zudem der Meinung, dass eine globalisierte Wirtschaft mehr schädigt, als sie Gutes tut.

Homesteader bauen ihre Lebensmittel oft auch als Protest gegen das aus ihrer Sicht schlecht laufende Waste Management der Wirtschaft an. Dabei geht es nicht nur um die Verpackung wie zuvor bereits erwähnt, sondern auch um die Lebensmittelverschwendung. Pro Jahr werden weltweit etwa 1,3 Mrd. Tonnen Lebensmittel weggeworfen. Das geschieht nicht nur, weil die Lebensmittel beschädigt sind, sondern auch, weil sie nicht der vorgegebenen „Norm" entsprechen. Was die Norm ist, entscheiden die Wirtschaft und die Gesetze.

In Deutschland werden circa 53 kg Lebensmittel pro Person und Jahr weggeworfen, was in etwa einem Warenwert von 235 € entspricht. Da Homesteader mit der Saison leben und arbeiten sowie ihre Produkte konservieren, fällt weniger Abfall an, was auch Geld spart (von Koerber et al., 2020).

3.3   Neo Homesteading

Seit dem 21. Jahrhundert entwickeln sich Esskulturen deutlich schneller und die Vielfalt von unterschiedlichen Ernährungsweisen wird größer. Es entstehen sogenannte Food-Trends, womit sich Menschen mittlerweile eher identifizieren als mit Traditionen. Zum Beispiel befasst sich das „Gourmet Gardening" mit den Themen Nachhaltigkeit und Genuss (Rützler, 2020b). Dieser Trend beschäftigt sich mit dem Anbau von Kräutern, Salaten und Gemüse im urbanen sowie im ländlichen Raum (Rützler, 2020a).

Abb. 3.2 Fünf Aspekte der
nachhaltigen Ernährung

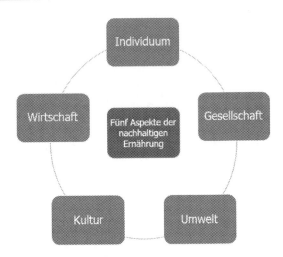

Das Motiv der Nachhaltigkeit wird in der heutigen Literatur häufig als Grund
für die Selbstversorgung mit Lebensmitteln genannt. Dieses kann in mehrere
Aspekte unterteilt werden. (Abb. 3.2) Des Weiteren ergeben sich für von Koerber
et al. (2020) sieben Grundsätze, die eine nachhaltige Ernährung ausmachen.

Die sieben Grundsätze einer nachhaltigen Ernährung (von Koerber et al.,
2020)

- Bevorzugung pflanzlicher Lebensmittel
- Ökologisch erzeugte Lebensmittel
- Regionale und saisonale Erzeugnisse
- Bevorzugung gering verarbeiteter Lebensmittel
- Fair gehandelte Lebensmittel
- Ressourcenschonendes Haushalten
- Genussvolle und bekömmliche Speisen

In Deutschland, Österreich und der Schweiz werden Teilaspekte einer nachhaltigen Ernährungsweise in die Ernährungsempfehlungen miteinbezogen (von
Koerber et al., 2020).

Peters (2020) nennt Gründe für die moderne Selbstversorgung, die jedoch von
Person zu Person variieren können: Gesundheit, Umwelt, Kosten sowie Freizeit

und Unabhängigkeit. Außerdem gibt es Selbstversorgungsgruppen, die einander unterstützen und Lebensmittel oder Gegenstände tauschen (Peters, 2020, S. 12–15).

Eine vollständige Selbstversorgung besteht laut Peters (2020) aus folgenden fünf Bereichen:

- Obst- und Gemüseanbau
- Richtige Lagerung von Lebensmitteln, damit diese nicht verderben und für längere Zeit gegessen werden können
- Tierhaltung, die genutzt wird, um Eier oder Fleisch zu produzieren
- Herstellung von Naturheilmittel und -kosmetik
- Herstellung von Elektrizität und der Wasserversorgung, um unabhängig zu leben

Dabei ist es nicht wichtig, alle fünf Bereiche zu erfüllen, um als Selbstversorger*in zu gelten, vielmehr geht es darum, sich ein wenig unabhängiger von vorherrschenden Strukturen der Gesellschaft zu machen (Peters, 2020, S. 7–11).

Für den Großteil der Bevölkerung ist es jedoch nicht möglich, sich rein regional zu ernähren. Eine Untersuchung der Georg-August-Universität Göttingen zeigte, dass nur 11–28 % der Weltbevölkerung ihren Bedarf an Nahrungsmitteln in einem Radius von 100 km decken können. Aufgrund dessen sind Import und Export unerlässlich (Ernährungs Umschau, 2020a).

Österreich kann sich laut Statistik Austria mit Wein, Käse und Fleisch zur Gänze selbst versorgen. Bei pflanzlichen Grundnahrungsmitteln ist der Selbstversorgungsgrad deutlich geringer. (Abb. 3.3) Das heißt, Österreich ist auf Importe aus Nachbarländern und auch ferneren Staaten angewiesen. Zudem sind Maschinen und Erntehelfer aus anderen Ländern unabdingbar für die Landwirtschaft.

Zu beachten ist, dass der Selbstversorgungsgrad die direkte Verwertung als Nahrungsmittel und die indirekte Verwertung über die Verfütterung an Masttiere sowie die Verwendung für technische Zwecke einschließt.

3.4 Selbstversorgung – Zahlen und Fakten

Bei der Selbstversorgung mit Lebensmitteln sind neben Anbaufläche und Lagermöglichkeit auch das eigene Konsumverhalten sowie die benötigte Menge der unterschiedlichen Lebensmittelgruppen zu berücksichtigen. Der gewünschte

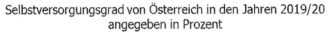

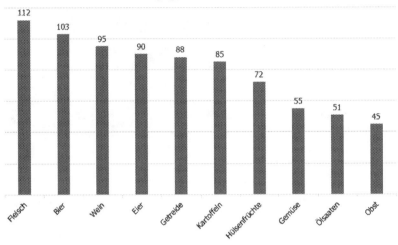

Abb. 3.3 Selbstversorgungsgrad von Österreich

Ertrag ist abhängig von der Anbauweise, passende Lager- und Konservierungsmethoden sind ebenfalls einzuplanen, um die Lebensmittel optimal nutzen zu
können und Verschwendung vorzubeugen.

3.4.1 Fleischversorgung und Tierhaltung

Der österreichischen Bevölkerung ist eine artgerechte Tierhaltung wichtig, jedoch
sind die meisten nicht bereit, deswegen mehr Geld für ihren Einkauf zu bezahlen.
Die Menschen geben, in Relation zu ihrem Einkommen, für Lebensmittel so
wenig Geld aus wie noch nie (Kern & Sperr, 2020). (Abb. 3.4)
   Viele Selbstversorger*innen halten in ihrem Garten Hühner, da diese pflege-
leicht und kostengünstig sind. Sie legen Eier, können als Fleischquelle dienen,
außerdem ist ihr Kot als Dünger verwertbar (Peters, 2020, S. 141). Da es nur
einen kleinen Teil an Selbstversorger*innen gibt, die größere Tiere wie Rinder
oder Schweine halten, achten sie beim Kauf darauf, dass die Tiere aus der Region
stammen und biologisch gehalten werden (Voit, 2010). Die Tierhaltung, zum Beispiel von Rindern, beeinflusst den Nährstoffgehalt des Fleisches. Vor allem die

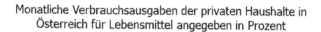

Monatliche Verbrauchsausgaben der privaten Haushalte in
Österreich für Lebensmittel angegeben in Prozent

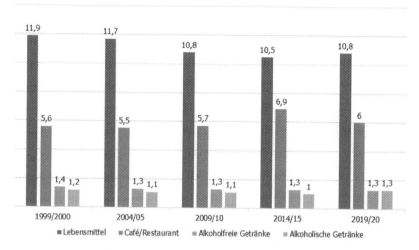

Abb. 3.4 Prozentueller Anteil der Haushaltsausgaben für Lebensmittel

Fettsäurezusammensetzung wird, im Vergleich zu einer konventionellen Tierhaltung, durch eine Bio- und Weidehaltung verbessert, was mit der Art der Fütterung zusammenhängt (Rathmanner, 2019). Generell lässt sich beim Fleischkonsum in Österreich in den vergangenen Jahren ein Abwärtstrend erkennen. (Abb. 3.5)

3.4.2 Obst- und Gemüseanbau

75 % der Österreicher*innen bevorzugen regionale Lebensmittel und fordern ein größeres Angebot. Das liegt daran, dass der Bevölkerung die Herkunft der Lebensmittel am wichtigsten erscheint, weil sie heimische mit hoher Qualität verbinden. Die persönliche Interpretation von Regionalität ist stark schwankend, manche verbinden sie mit Produkten aus dem nahen Umfeld, andere schließen auch Lebensmittel mit ein, die aus EU-Staaten kommen (Gatterer, 2020).

Die Verbraucherzentrale Hamburg hat mit der des Bundesverbandes bei einem Marktcheck die Vertriebsweise von Obst und Gemüse untersucht. Bei dieser Untersuchung stellte sich heraus, dass ungefähr zwei Drittel in Plastik verpackt sind. Außerdem wurde festgestellt, dass über 50 % des unverpackten Obstes und

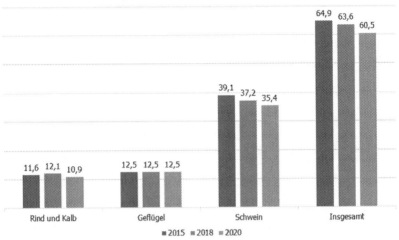

Österreichische Fleisch-Versorgungsbilanz nach Tierart
angegeben in Kilogramm pro Kopf

Abb. 3.5 Österreichische Versorgungsbilanz mit Fleisch

Gemüses teurer ist als jenes, das sich in einer Plastikhülle befindet (Ernährungs
Umschau, 2019).

Um die Lebensmittelverschwendung zu reduzieren, arbeiten einige Firmen
daran, übriggebliebene Lebensmittel günstiger zu verkaufen oder sie durch opti-
male Lagerung länger haltbar zu machen. Außerdem kann krummes Obst und
Gemüse, das es nicht in die Supermarktregale schafft, zu einem günstigeren Preis
von Käufer*innen erworben werden (Schmökel & Frey, 2019).

Die Biodiversität steht ebenfalls in direkter Verbindung mit der Ernährung
und der Gesundheit des Menschen (von Koerber et al., 2020), denn die Ausster-
berate von Tier- und Pflanzenarten ist so hoch wie noch nie. Mehr als ein Drittel
der Pflanzen in Österreich sind gefährdet oder bereits ausgestorben (Scherfranz,
2020). Nur ein kleiner Teil der essbaren Kulturpflanzen wird in der Nahrungsmittelproduktion angebaut, zum Beispiel werden von 40.000 Reissorten vorwiegend
nur zwölf kultiviert (Kern, 2020).

▶ **Biodiversität** Der Begriff Biodiversität bezeichnet die biologische Vielfalt und
bildet die Entwicklungsgrundlage des Lebens. Diese ist wichtig, um Ökosysteme
aufrechtzuerhalten.

Biologischer Anbau schützt in erster Linie die fruchtbare Erde und durch eine schonende Bodenbearbeitung und Fruchtfolge das ökologische Gleichgewicht (Sperr & Gruber, 2020). Ein weiteres Konzept, das die Ressourcen der Natur nicht ausbeuten möchte, ist die Permakultur. Mollison und Holmgren (1981) haben dieses Konzept für kühle Temperaturbedingungen geschaffen und so entworfen, dass es in urbane Umgebungen passt (Mollison & Holmgren, 1981, S. 1).

▶ **Permakultur** Der Begriff Permakultur beschreibt eine langfristige Landwirtschaft, die ökologische Kreislaufsysteme nutzt und durch Fruchtfolgen und Mischkulturen dem Boden nicht alle Nährstoffe entzieht.

Die Auswahl von Bio-Lebensmitteln in den österreichischen Supermärkten ist durch die erhöhte Nachfrage seit Jahren deutlich gestiegen und erreichte im Juni 2020 erstmals einen zweistelligen Wert. Motive, die Konsument*innen dazu bewegen, mehr Bioprodukte zu kaufen, sind die Gesundheit, der Geschmack, die Qualität und die Nachhaltigkeit. Ein eindeutiger Beweis, dass biologische Lebensmittel gesünder seien, wurde zwar noch nicht erbracht, jedoch gibt es einige Studien, die die geringere Pestizidbelastung von Obst und Gemüse und den höheren Omega-3-Fettsäure-Gehalt in tierischen Produkten sowie eine geringere Antibiotikabelastung belegen (Sperr & Gruber, 2020).
    In einer kanadischen Querschnittsstudie bezüglich Obst- und Gemüsekonsum wurde folgendes Ergebnis präsentiert: Personen, die einen Garten haben, konsumieren mehr Obst und Gemüse als solche, die keinen besitzen (Drisdelle et al., 2020). Um eine Person vollständig mit Obst und Gemüse versorgen zu können, sind bei optimalen Verhältnissen 150–160 m^2 Anbaufläche nötig (Zachenhofer, 2018). (Abb. 3.6)
    Die ganzjährige Verfügbarkeit von Lebensmitteln fördert den Verlust der Wertschätzung. Wenn aber Obst und Gemüse nur in der jeweiligen Saison konsumiert werden, begünstigt dies ein „Umdenken und Zurückfinden" in den „natürlichen" Rhythmus (Peters, 2020, S. 16–17).

3.5 Lebensmittelkonservierung

Um die eigene Ernte optimal und längerfristig zu nutzen, können verschiedene Konservierungsmethoden angewendet werden. Tiefkühlen ist die nährstoffschonendste Methode, Lebensmittel haltbar zu machen. Obst und Gemüse sollten vor dem Einfrieren geputzt, gewaschen und zerkleinert werden. Außerdem sollten

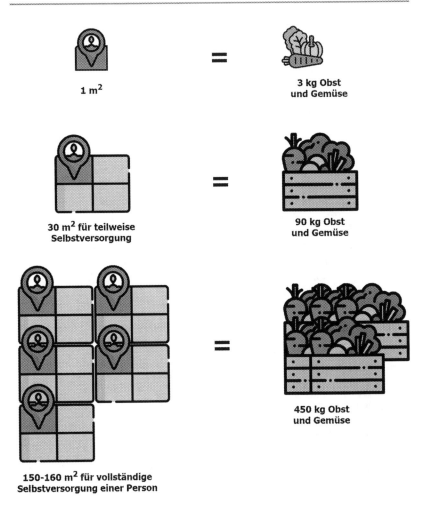

1 m² = **3 kg Obst und Gemüse**

30 m² für teilweise Selbstversorgung = **90 kg Obst und Gemüse**

150-160 m² für vollständige Selbstversorgung einer Person = **450 kg Obst und Gemüse**

Abb. 3.6 Benötigte Anbauflächen für Homesteading

manche Obstsorten vor dem Gefrieren kurz blanchiert werden, damit Frische und Farbe erhalten bleiben (Geyer, 2010, S. 38–40).

Beim Einlegen von Lebensmitteln kann zwischen Salz, Zucker, Öl, Essig und Alkohol gewählt werden. Auch das Fermentieren verlängert die Haltbarkeit und wirkt sich zudem positiv auf den Verdauungstrakt aus. Wird der Nahrung

Abb. 3.7 Menge der
vermeidbaren Lebensmittelverschwendung

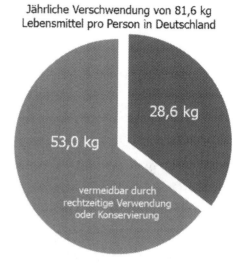

Jährliche Verschwendung von 81,6 kg
Lebensmittel pro Person in Deutschland

28,6 kg

53,0 kg

vermeidbar durch
rechtzeitige Verwendung
oder Konservierung

Wasser entzogen, nennt sich dies Trocknen oder Dörren (Zachenhofer, 2018).
Die Haltbarmachung ist essenziell, um Vitamine zu erhalten und sich auch in
Wintermonaten mit selbstgeerntetem Obst und Gemüse versorgen zu können.
Zur Lagerung empfiehlt sich ein dunkler und kühler Ort, wie beispielsweise
ein Keller (Peters, 2020, S. 109–110). Die jährliche Lebensmittelverschwendung in Deutschland könnte durch rechtzeitige Verwendung oder Haltbarmachung
reduziert werden (von Koerber et al., 2020). (Abb. 3.7)

Fazit

- Die Gründe warum Homesteading heutzutage betrieben wird, sind viel-
  fältig. Als drei Hauptfaktoren können jedoch Gesundheit, Umwelt und
  Wirtschaft genannt werden.
- Das Anbauen von Lebensmitteln und die Versorgung mit selbst Angebau-
  tem wird immer mehr zum Trend.
- Durch die erhöhte Nachfrage an Produkten in Bio-Qualität ist die Auswahl
  im Supermarkt im Jahr 2020 auf über zehn Prozent gestiegen.
- Die Lebensmittelverschwendung könnte durch rechtzeitige Verwendung
  und Haltbarmachung deutlich reduziert werden.
- Die komplette Selbstversorgung stellt sich in der heutigen Zeit als schwie-
  rig heraus.

COVID-19-Pandemie

4

> „Ich denke, viele Leute hatten mehr Zeit und haben etwas
> selbst angebaut, sei es auch nur Kräuter oder kleine
> Tomaten. Ich denke, dass sich mehr Leute, auch durch
> vermehrtes selbst Kochen, damit auseinandergesetzt
> haben, wo die Lebensmittel herkommen. Es ist schon ein
> Trend, der durch die Pandemie ausgelöst wurde."
> (Interviewpartner*in G1)

Die COVID-19-Pandemie hat Einfluss auf die Welt, die Esskultur sowie das Konsumverhalten der Menschen genommen. Wie sich die Gesellschaft langfristig verändern wird, war Anfang 2020 unabsehbar.

Das Zukunftsinstitut Österreich hat zu Beginn der Pandemie in Europa vier Szenarien entwickelt, die zeigen, welche Entwicklungen auf die Akutphase der Pandemie in der mittelfristigen Zukunft folgen könnten. Dabei wurden sowohl pessimistische als auch optimistische Szenarien entworfen.

Das erste Szenario beschreibt eine Gesellschaft in totaler Isolation, die strikt kontrolliert wird. Gesundheitsdaten werden regelmäßig kontrolliert, Obst und Gemüse desinfiziert und der Import von Lebensmitteln aus anderen Ländern stark eingeschränkt. Jeder kämpft für sich allein, die Menschen zieht es aufs Land, wo sie Fläche haben, um dem Gedränge der Stadt zu entkommen und ihr eigenes Gemüse zu züchten.

Im zweiten Szenario ist die Zukunft ähnlich pessimistisch. Hier wird ein System-Crash beschrieben, der die nationalen Interessen in den Vordergrund rückt. Es gibt kein Vertrauen mehr in Kooperationen mit anderen Ländern, es wird weitestgehend im Inland produziert. Daten werden genau analysiert, künstliche Intelligenz wird eingesetzt, um das menschliche Verhalten vorherzusagen.

Der Staat hat Zugriff auf die persönlichen Gesundheitsdaten der Bevölkerung, Privatsphäre und Datenschutz gehören der Vergangenheit an.

Das dritte Zukunftsszenario, auch Adaption genannt, beschreibt eine Gesellschaft, die Gemeinschaften bildet, sogenannte „Neo-Tribes", und Wert auf regional erzeugte Produkte legt. Nachbarschaftshilfe wird großgeschrieben, Lebensmittel werden geteilt. Es wird lokal eingekauft und auch urbanes Farming wird Teil dieser neuen Lebensweise.

In Szenario Nummer vier besteht eine „Wir-Kultur", in der die Menschen neue Konsummuster zeigen. Regionale Lebensmittel werden wiederentdeckt und mehr wertgeschätzt. Der globale Handel existiert nach wie vor, doch wird damit klüger umgegangen. Die Gesellschaft geht respektvoller mit Lebensmitteln um und wendet sich vom Massenkonsum ab (Gatterer, 2020).

Wissenschaftler*innen beschäftigen sich auch mit der Frage, ob die Lebensmittelverschwendung während der COVID-19-Pandemie abnimmt. Die Gesellschaft hat die Wertschätzung der Lebensmittel verloren. Im Winter kaufen Menschen importierte Beeren aus Südamerika oder Afrika. Nahrung wird im Überfluss gekauft und landet im Müll, wenn sie verdirbt oder sogar noch essbar wäre (Strasser, 2020).

Die Lebensmittelverschwendung ist aus verschiedenen Perspektiven zu betrachten. In der „Wiener Tafel", einem Verein für sozialen Transfer, wurde laut eigenen Angaben das Doppelte an Lebensmitteln gerettet als vor der Krise. Dies sei darauf zurückzuführen, dass Großhändler*innen während des Lockdowns weniger an die Gastronomie und andere Händler*innen verkauften. In Privathaushalten gab es zwar nachweislich eine höhere Menge an Müll, was aber ebenso mit dem Lockdown in Zusammenhang steht, da die Menschen mehr Zeit zuhause verbringen. Laut Einschätzungen einer Expertin der Universität für Bodenkultur sollen durch den Trend des Selbstkochens weniger Lebensmittel im Abfall landen (Graf, 2020).

4.1 Lebensmittelknappheit

Heutzutage sind die Menschen in Industriestaaten ausreichend mit Nahrungsmitteln versorgt. Daher ist die Bevölkerung einen gewissen Standard gewöhnt, der für sie Lebensqualität bedeutet. Als die COVID-19-Pandemie in Europa Fuß fasste, änderte sich die Sichtweise der Menschen auf die Versorgungssituation. Die Angst vor Lebensmittelknappheit und das Gefühl von Kontrollverlust waren unter anderem Auslöser für Panikkäufe, die medial als „Hamsterkäufe" beschrieben wurden. Dadurch kam es kurzfristig zu Lieferengpässen, die von den Menschen, aufgrund vorübergehend leerstehender Regale, als Lebensmittel-knappheit wahrgenommen wurden, womit die Krise eingetreten war (Haas, 2020, S. 42–43).

> „Die Menschen waren massivst verunsichert und verängstigt, aus vielerlei Gründen. Aus psychotherapeutischer Sicht ist die Selbstversorgung natürlich ein großer Faktor, um ein Gefühl von Sicherheit zu bekommen." (Interviewpartner*in T2)

Der Zivilschutzverband riet Anfang März 2020, sich mit Grundnahrungsmitteln für 14 Tage zu bevorraten. Dazu zählen Getreideprodukte, Fleisch, Fisch, Öle, Milchprodukte, Gemüse, Obst sowie Wasser und Fruchtsäfte (Proissl & Stempelmann, 2020).

Aufgrund der Einschränkungen des internationalen Warenverkehrs sowie der geschlossenen Grenzen und der fehlenden Saisonarbeiter*innen kam es in Deutschland im April 2020 zu einem Preisanstieg von Obst und Gemüse (Ernährungs Umschau, 2020b). Die Preise für Fleisch sanken hingegen, da im Lockdown die Gastronomie als großer Abnehmer wegbrach (APA, 2020).

Die „Germkrise" – der Hintergrund

Eine spezielle Herausforderung stellte die Osterzeit 2020 dar: Germ wurde aufgrund der hohen Nachfrage zur Mangelware. Jedoch nicht, weil Zutaten für die Produktion fehlten, sondern die Verpackung der 42 g-Würfel ausging. Bäckereien konnten nach wie vor mit 500 g-Gebinden beliefert werden. Der Hersteller versorgte aufgrund der hohen Nachfrage auch die Supermärkte mit den Großpackungen, die in der Feinkost zerkleinert und so an die Kund*innen weiterverkauft wurden. Konsument*innen wichen auch auf Trockengerm aus, wo kurze Zeit später ebenfalls ein Mangel an Verpackungen auftrat (Laufer, 2020).◄

4.2 COVID-19-Trends

COVID-19 veränderte unser Essverhalten und hat laut Ernährungswissenschaftlerin Hanni Rützler (2020a) Auswirkungen auf bestehende Food-Trends. Dabei nennt sie fünf Trends, die von der Pandemie beeinflusst werden.

Bereits vor COVID-19 gab es den sogenannten Soft Health Trend. Dieser besagt, dass vermehrt frisches Obst und Gemüse gekauft wird und die Menschen Wert auf eine ausgewogene Ernährung legen. Während der Krise gab es einen

Ansturm auf sogenannte „Biokisten" von Landwirt*innen, die frisches Gemüse und Obst nach Hause liefern.

Mit der „Snackification", einer weiteren Ernährungsentwicklung, ist das flexible Essverhalten gemeint, das viele Menschen leben. Sie essen, wenn Zeit ist, gegebenenfalls einen Snack zwischendurch. Im ersten Lockdown, im Frühjahr 2020, hat sich dieser Trend jedoch zu den täglich geregelten drei Hauptmahlzeiten zurückentwickelt.

Was in ländlichen Gebieten weit verbreitet ist, erlebt während der COVID-19-Pandemie in der Stadt einen Aufschwung, nämlich das „Do-it-yourself Food". Selbst angebaute Kräuter und Gemüse in Gärten, am Fensterbrett und auf Balkonen fallen in diese Kategorie sowie hausgemachte Speisen und Backwaren. Expert*innen nehmen an, dass dies die Menschen unter anderem während des Lockdowns positiv motiviert hat.

Ein weiterer Trend in unserer Gesellschaft ist das Interesse an Herkunft und Produktion der Lebensmittel. Kostproben im Laden, Besichtigung der Produktion oder Workshops – die Hersteller*innen bieten verschiedene Möglichkeiten, Essen zu „erleben". Diese Entwicklung ist auch während der Pandemie gewachsen. Auch Online-Kurse und Kochanleitungen konnten die Menschen von zuhause abrufen.

Die Tendenz der Konsument*innen zum Kauf von regionalen Lebensmitteln hat im Zuge der Globalisierung zugenommen. Dies hat sich in der Krisenzeit weiter verstärkt, Landwirt*innen haben durch Online-Services sowie Lieferungen nach Hause auf die Nachfrage reagiert (Rützler, 2020a).

Die Journalistin Nora Reinhardt schreibt im Mai 2020 in der Tageszeitung „Der Standard" über den Trend des Brotbackens, speziell im ersten Lockdown, wo die Menschen mehr Zeit hatten. Da der Germ in den Supermärkten aufgrund der hohen Nachfrage ständig ausverkauft war, produzierten manche einen Ersatzgerm, die sogenannte „Nachkriegshefe", aus Bier, Mehl und Zucker.

Laut dem Ernährungssoziologen Daniel Kohfahl von der Universität Wien war der Brotbacktrend eine Folge der Panikkäufe, im Zuge derer sich die Bevölkerung unter anderem mit Mehl bevorratete. Auf der Suche nach Rezepten, für die viel Mehl benötigt wird, sind die Menschen auf das Brotbacken gestoßen. Auch Medien wie die New York Times haben zu dem Trend beigetragen und Brotrezepte veröffentlicht.

„Brot steht für das Überleben. Und wenn ich es selbst backe, kann ich noch besser überleben." Christoph Klotter, Ernährungspsychologe

Eine japanische Studie von 2013 hat nachgewiesen, dass Menschen weniger Stresshormone produzieren, wenn sie einen warmen, weichen Teig mit ihren Händen kneten. Der Innungsmeister der Bäcker Österreichs sieht es positiv, dass die Menschen auf das Brotbacken gekommen sind. So wissen sie, wieviel Arbeit sich dahinter verbirgt und werden die Backwaren in Zukunft mehr wertschätzen (Reinhardt, 2020).

Die Menschen begannen während des Lockdowns nicht nur zu backen, sondern auch vermehrt selbst zu kochen. Das zeigen die Zahlen der Zugriffe auf Rezeptseiten und einschlägige Blogs, die sich im Frühjahr verdoppelt bis verdreifacht haben (Hitradio Ö3, 2020).

Die Ernährungswissenschaftlerin Angela Mörixbauer ist der Meinung, dass durch die Corona-Krise die Bedeutung von Regionalität steigt. Das liegt vor allem an der Unsicherheit in der globalisierten Welt und deren schnelllebigen Veränderungen. Überschaubarkeit und Transparenz rücken in den Fokus der Gesellschaft (Mörixbauer, 2020).

Fazit

- Einschneidende Ereignisse wie die COVID-19-Pandemie beeinflussen Esskultur und Konsumverhalten nachhaltig.
- Eine tatsächliche Lebensmittelknappheit ist seitens der Angebotslage in Industriestaaten nahezu ausgeschlossen.
- In Zeiten von Pandemien und vor allem während Lockdowns entstehen durch mehr Freizeit neue Trends.

Einblicke in das Leben von Homesteadern

5

„Es ist einfach total schön, wenn du Pflanzen kaufst und
[…] es wächst dann etwas Essbares. Das ständige
Mitbeobachten, […] wenn es immer größer wird und wie
es dann schmeckt." (Interviewpartner*in G2)

Bereits früh in der Geschichte der Menschheit wurden die landwirtschaftlichen Tätigkeitsfelder unter den Bauern aufgeteilt. Eine totale Selbstversorgung wurde im Laufe der Zeit immer schwieriger.

Heutzutage gibt es kaum noch Menschen auf der Welt, die sich komplett selbst versorgen. Interviews mit Homesteadern ergaben, dass sich alle Teilnehmer*innen nur teilweise und saisonal selbstversorgen. Alle kaufen nach wie vor Lebensmittel ein, meist reduziert sich jedoch die Menge der zugekauften Waren im Sommer.

Eine sehr junge Bewegung des Homesteading ist das Urban Gardening, das sich in den letzten Jahrzehnten entwickelt hat. Immer mehr Gemeinschaftsgärten werden gegründet oder Feldflächen von Bauern zur Verfügung gestellt. Meist werden diese von Menschen genutzt, die in einer Wohnung leben und keinen eigenen Garten besitzen. Das Anmieten von Gärten oder Feldern bietet den Urban Gardenern die Möglichkeit, ihre eigenen Lebensmittel anzubauen.

Hintergrundinformation

Die Interviews wurden im Rahmen der Bachelorarbeit „Phänomen Homesteading – Motive partieller Selbstversorger*innen im 21. Jahrhundert" durchgeführt. (Abb. 5.1)

Insgesamt wurden sechs Personen interviewt, die sich in folgende drei Gruppen gliedern:

7

A. Bauer et al., *Trend Homesteading*, essentials,
https://doi.org/10.1007/978-3-662-65112-4_5

Abb. 5.1 Meist genannte Begriffe in den Interviews

1. Homesteader mit eigenem Garten
2. Homesteader, die Urban Gardening betreiben, das heißt eine Feldfläche oder ein Beet zur Lebensmittelproduktion mieten
3. Homesteader mit privater Landwirtschaft und eigenen Nutztieren nur für den Eigengebrauch

Die Teilnehmer*innen wurden dabei mit Kurzbezeichnungen versehen, was der Anonymisierung und der besseren Zuordnung der Interviewpartner*innen dient:
    G1 (Garten 1), G2 (Garten 2), U1 (Urban Gardening 1), U2 (Urban Gardening 2), T1 (Tier 1), T2 (Tier 2).

5.1 Motivation und Gründe für die Lebensmittelproduktion

In der frühen Geschichte der Menschheit mussten sich die Menschen selbstversorgen, um zu überleben. Die Interviews machten deutlich, dass die Gründe des Homesteadings heutzutage andere sind als damals. Der Bedarf des Anbauens hat sich zu einem Bedürfnis gewandelt und die Gründe dafür sind vielfältig. An erster Stelle wurde von den Interviewpartner*innen die Freude an der Gartenarbeit, das Hobby und der Ausgleich zum Alltag genannt. An zweiter Stelle der Geschmack, der für fast alle Interviewteilnehmer*innen einen wichtigen Grund darstellt. Danach wird von der Hälfte der Befragten die Frische der Lebensmittel als ausschlaggebend genannt. (Abb. 5.2)

Im Gegensatz zu früher, als die Frische der Lebensmittel für die Bauern höchstwahrscheinlich als gegeben angesehen wurde und hinsichtlich des Geschmacks keine vergleichbaren Produkte vorhanden waren, werden die Prioritäten heutzutage ganz anders gesetzt. Was damals gemacht werden musste, um zu überleben, ist heutzutage ein Ausgleich zum stressigen Alltag in der modernen Gesellschaft. Ob bewusst oder unbewusst, die Homesteader betreiben ihr Hobby als Antwort auf die Überindustrialisierung der Lebensmittelproduktion.

> „Wir können den Planeten nicht ausbeuten, bis er kaputt ist, sondern wir können nur schauen, dass wir ihm so viel wegnehmen, wie wir ihm auf der anderen Seite wieder zurückgeben." (Interviewpartner*in T2)

Die Vermutung liegt nahe, dass Homesteading nur in Ländern betrieben wird, in denen die Bürger*innen keine Lebensmittel selbst anbauen müssen. Viele Menschen aus Entwicklungsländern leiden noch immer täglich Hunger und würden sich glücklich schätzen, ihre eigenen Lebensmittel anbauen zu können. Die

Abb. 5.2 Hauptmotive befragter Homesteader

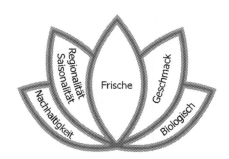

Gründe hierfür wären vermutlich nicht die Freude an der Arbeit, sondern die Sicherung des eigenen Überlebens.

Die Selbsteinschätzung der Interviewpartner*innen in Bezug auf die Herkunft der Motivation fällt geteilt aus. Die eine Hälfte äußert, dass die Motivation für die Lebensmittelproduktion von innen komme, während die andere Hälfte angibt, dass es äußere Motivation sei. Dabei können die zwei Arten von Motivationen nicht zur Gänze voneinander abgegrenzt werden.

▶ **Motive und Motivation**
Motive werden als Antriebsgründe dargestellt.

Der Begriff Motivation beschreibt Motive, die zu Handlungen führen.

Als intrinsische Motivationen wird ein Antrieb vom Inneren einer Person heraus bezeichnet. Diese werden rein durch persönliche Einflüsse gelenkt.

Als extrinsische Motivationen gelten jene, die von außen geprägt sind, das heißt sie folgen keinem eigenen Antrieb.

Laut Heckhausen und Heckhausen (2018) kommen die Neugier und das Interesse von innen, jedoch ist eine Person immer in einer Umgebung, die sie beeinflusst. Wenn jemand „von klein auf" mit Garten aufwächst und das Anbauen von den Eltern gelehrt wurde, ist es schwer zu beurteilen, ob der Motivator intrinsisch oder extrinsisch ist. Auf den ersten Blick könnte angenommen werden, dass es sich beim Einfluss der Eltern um extrinsische Motivation handelt. Wenn das Produzieren von Lebensmitteln im eigenen Garten jedoch von einer Person verinnerlicht wird, sodass es zum Alltag gehört, könnte es als intrinsische Motivation gewertet werden. Da die Interviewpartner*innen es selbst teilweise nur schwer unterscheiden konnten, ist die Frage nach der Herkunft der Motivation durch die Interviews nicht eindeutig zu beantworten. Wie dargestellt sind die Motive der befragten Homesteader vielfältig und überschneiden sich in einigen Punkten. (Abb. 5.3)

5.2 Qualität und Wertigkeit der Lebensmittel

Die genannten Kriterien für die Lebensmittelqualität sind vielfältig und betreffen nicht nur das Endprodukt selbst, sondern ebenso den Aufwand, der hinter der Produktion steckt. Zum Beispiel werden Regionalität und kurze Transportwege genannt, weiters auch den Wasser- und Stromverbrauch im Zusammenhang mit der Lebensmittelproduktion.

Motive	G1	G2	U1	U2	T1	T2
Hobby / Freude / Ausgleich	■	■	■	■	■	■
Teilversorgung mit selbstproduzierten Lebensmitteln / Etwas Eigenes erzeugen	■	■				
Frische der Lebensmittel / Saisonalität	■	■				■
Geschmack der Lebensmittel	■	■		■		
Umweltschutz / Nachhaltigkeit / Herkunft der Lebensmittel / Wegfall von Transportwegen und Verpackung / Arbeitsverhältnisse in der Produktion	■			■		■
Biologische Qualität			■	■		■
Artgerechte Tierhaltung				■	■	
Soziale Kontakte / Faktoren		■	■			
Gesundheit						■

Abb. 5.3 Auflistung genannter Motive im Überblick

„Keine Transportwege. Das ist ein ganz wesentlicher Punkt, diese Abstrusität von: es werden deutsche Kartoffeln nach Marokko geliefert und dort geschält, dann kommen sie wieder zurück nach Deutschland. Von dort werden sie nach Polen geschickt, damit sie klein geschnitten werden, danach kommen sie wieder zurück und werden in irgendeiner Pommesbude frittiert und ausgegeben." (Interviewpartner*in T2)

Die genannten Qualitätsmerkmale, die das Produkt selbst betreffen, waren Frische und Geschmack sowie die Form der Lebensmittel. Viele Menschen sind in Unkenntnis darüber, dass Gemüse und Obst vorsortiert werden und es sogar Richtlinien gibt, wie dieses auszusehen hat, um im Supermarkt verkauft werden zu können. Selbst Angebautes darf im Aussehen von der Norm abweichen, was jedoch auf den Geschmack keinen Einfluss hat. Da diese beim Eigenanbau trotzdem verarbeitet und nicht aussortiert werden, minimiert sich die Lebensmittelverschwendung.

„In der Form unterscheidet sich das Gemüse auf alle Fälle. Eine Karotte, die zwei Beine hat, oder eine Gurke, die nicht der Norm entspricht, werden im Supermarkt nicht verkauft, das ist ja das Tragische in Österreich: die Lebensmittelverschwendung. So etwas gibt es im eigenen Anbau nicht, da wird nichts aussortiert." (Interviewpartner*in G1)

„Verformtes" Obst und Gemüse hat laut Homesteadern nichts mit minderwertiger Qualität zu tun, sondern mit Varietäten des natürlichen Pflanzenwachstums.

Dies wirkt sich bei manchen Homesteadern auf das Konsumverhalten aus, sodass „perfekt" aussehende Lebensmittel beim Kauf kritisch hinterfragt werden und vermehrt auf die Optik der Produkte, Regionalität sowie den biologischen Anbau geachtet wird.

> „Ein schöner Apfel ist ein schlechter Apfel. Den Apfel, [...] der eine kleine Delle hat oder von einem Insekt angeknabbert wurde [...], will ich auch haben, denn da weiß ich, dass das Insekt so intelligent war, dass es den Apfel haben wollte." (Interviewpartner*in T2)

Der Sinn einer partiellen Selbstversorgung ist neben dem Vergnügen und der Qualität auch die Reduktion der zugekauften Ware. Aus den Interviews ging hervor, dass die meisten Homesteader weniger Lebensmittel zukaufen müssen, speziell in der Sommersaison. Der Zweck einer Kostenersparnis ist für die meisten Homesteader nebensächlich und wurde nie kalkuliert.

▶ **Partielle Selbstversorgung** Unter partieller Selbstversorgung wird eine Versorgung mit Lebensmittel verstanden, bei der nicht vollkommen autark gelebt wird, sondern zusätzliche Lebensmittel gekauft werden.

5.3   Homesteading im Hinblick auf Umwelt und Gesundheit

Als sich nach dem Zweiten Weltkrieg allmählich eine Konsumgesellschaft etablierte, brachte das auch Nachteile für Umwelt und Gesundheit der Menschen. Altbewährte Konservierungsmethoden wie Trocknen, Räuchern, Einkochen und Einsalzen wurden in den Hintergrund gedrängt und durch Zusatzstoffe und Konservierungsmittel ersetzt (Hirschfelder, 2005, S. 244–245). Die befragten Homesteader greifen vermehrt wieder auf diese alten, aber einfachen Konservierungsmethoden zurück.

Nicht in allen Interviews wurde der Umweltaspekt explizit erwähnt, jedoch wurden Gründe für Homesteading wie die wegfallenden Transportwege, Regionalität, Saisonalität und biologische Qualität genannt. Einerseits im Hinblick auf die eigene Gesundheit, um dem Körper nicht zu schaden beziehungsweise ihm so viele Nährstoffe wie möglich zur Verfügung stellen zu können. Andererseits beeinflussen diese Punkte genauso positiv die Umwelt, wenn keine Spritzmittel und Verpackungen verwendet werden oder die Transportwege wegfallen.

„Eine Krebszelle ist nicht böse, die will nur leben, und wir wollen auch leben, aber die Krebszelle stirbt, wenn sie den Menschen umgebracht hat. Wir werden sterben, wenn wir unsere Erde umgebracht haben." (Interviewpartner*in T2)

In der Literatur werden unter anderem die Gesundheit der Menschen (Niemann, 2011, S. 2–20; Pezza, 2015, S. 14–20) und der Umweltschutz als Gründe für Homesteading beschrieben (Peters, 2020, S. 7–31). Dabei werden jedoch das Vergnügen und die Freude an der Gartenarbeit und Aufzucht von Pflanzen außen vorgelassen. Die Literatur zum Thema Homesteading ist von mehreren Gesichtspunkten aus kritisch zu betrachten. Oft wird durch dramatische Zukunftsszenarien Angst geschürt und Homesteading als Ausweg präsentiert. Die Gründe, sich partiell selbst zu versorgen, sollten jedoch nicht von Angst geprägt sein, sondern von der Freude an dieser Arbeit. Außerdem wird das Anbauen oft als einfach und schnell dargestellt, doch laut der Hälfte der Homesteader ist der Zeitaufwand doch sehr hoch.

Die Wertigkeit von Gemüse und Obst wurde von allen, bis auf eine Person, höher eingeschätzt als die von Fleisch. Da zwei der Interviewteilnehmer*innen eine vegetarische Lebensweise bevorzugen, könnte diese Einschätzung auch darauf zurückzuführen sein. Ein weiteres Argument kann die vermehrte Produktion dieser Lebensmittelgruppen sein und die dadurch gesteigerte Verfügbarkeit. Deshalb kochen sie vermehrt selbst, um das geerntete Obst und Gemüse zu verwerten. Wenn zum Beispiel die Marillen reif sind, dann sollten diese in den nächsten Wochen gegessen beziehungsweise als Marmelade oder Kompott verarbeitet oder konserviert werden. So entdecken sie auch neue Arten der Speisenzubereitung oder Konservierung. Manche pflanzen Gemüse und Obst, das sie noch nicht kennen, an, weil es optisch ansprechend ist, überlegen danach, was daraus zubereitet werden kann und entdecken so bisher unbekannte Köstlichkeiten. Laut Wolfson und Bleich (2015) wird durch das Selbstkochen die Menge an künstlichen Zutaten, Zucker und Fett reduziert. So sind frisch zubereitete Gerichte in der Nährstoffzusammensetzung vorteilhafter als Fertigprodukte.

„Fertiglebensmittel im Glas oder in Dosen unterscheiden sich vor allem dadurch, dass dort viele Sachen enthalten sind, die ich nicht hinzufüge. Ich verwende keine künstlichen Aromastoffe, keine Geschmacksverstärker und weniger Zucker […]." (Interviewpartner*in G2)

Wenn der Umweltgedanke der Homesteader im Vordergrund steht, soll Müll vermieden werden und die Produkte sollen regional und biologisch sein. Dadurch entsteht ein Kreislauf, der sowohl auf die Natur als auch auf die Gesundheit des Menschen einen positiven Effekt hat.

5.4 Homesteading in Bezug auf Fleischkonsum und Tierwohl

In der Vergangenheit wurden Nutztiere als Mittel zum Zweck gesehen. Manche wurden besser behandelt, andere schlechter. Tierschutz und artgerechte Haltung waren im Gegensatz zu heute unwichtig. Durch die jahrelange Rationierung der Nahrung nach dem Zweiten Weltkrieg stieg mit dem Entstehen einer Konsumgesellschaft die Beliebtheit von Fleisch (BMEL, 2018, S. 44–45). Massentierhaltung hat sich entwickelt, um dem wachsenden Fleischkonsum der Bevölkerung gerecht zu werden. Zudem werden Tiere über lange Strecken, teilweise sogar über Kontinente transportiert, da sie in anderen Ländern „billiger produziert" werden können.

Mit dem Tierwohl haben sich einige der Interviewpartner*innen auseinandergesetzt. Obwohl die Befragten sich mit diesem Thema beschäftigen, könnten die Antworten nicht vielfältiger sein. Von einzelnen Interviewteilnehmer*innen wird Fischfang miteinbezogen, andere führen eine vegetarische Lebensweise oder halten Rinder als Antwort auf die Massentierhaltung, um zu zeigen, dass es anders auch geht. Bei drei der Befragten hat sich der Fleischkonsum reduziert. Obwohl die Wertigkeit des Fleisches von den Interviewpartner*innen nicht höher bewertet wurde als die von Gemüse und Obst, wird beim Einkauf von Fleisch vermehrt auf die Qualität und das Tierwohl geachtet.

> „Wenn wir Fleisch essen, dann essen wir das sehr ausgewählt vom Bio-Bauern […], wo wir wissen, wie es den Tieren geht, also wie die Landwirtschaft betrieben wird."
> (Interviewpartner*in G1)

Zwei Homesteader gaben an, dass Fleisch mehr wertgeschätzt werden sollte. Nur eine befragte Person isst täglich Fleisch, selten ausschließlich Gemüse, daher wird Fleisch höher bewertet.

> „Ein gutes Fleisch oder ein guter Fisch sind für mich immer noch höherwertig. Vielleicht auch deswegen, weil ich nicht nur Gemüse koche und viel zu wenig Erfahrung damit habe." (Interviewpartner*in G2)

In der österreichischen Hausmannskost hat Fleisch einen sehr hohen Stellenwert und ist aus dem Speiseplan nicht wegzudenken. Im diätologischen Berufsalltag fällt auf, dass Fleisch in verarbeiteter Form, wie zum Beispiel Wurstwaren, von Klient*innen nicht zum Fleischkonsum gezählt werden. Sie nehmen oft nur ein Stück Fleisch am Teller als Fleischportion wahr.

Durch die Auseinandersetzung mit der Produktion von Lebensmitteln kann ein größeres Bewusstsein in Bezug auf den Fleischkonsum gebildet werden. Meist wird bei der Eigenproduktion von Fleisch darauf geachtet, dass das ganze Tier verwertet wird.

> „Die Schwiegermama [...] hat immer wieder beim Bauern ein halbes Schwein bestellt und es zur Gänze verarbeitet, obwohl sie nicht in einer Landwirtschaft war, sondern in einer Wohnung in der Stadt [...]." (Interviewpartner*in G2)

5.5 Kontroversen des Homesteadings

Eine vollständige Selbstversorgung mit Lebensmitteln gestaltet sich heutzutage schwierig. Die Bewirtschaftung der benötigten Fläche und die Produktion von Lebensmitteln nimmt sehr viel Zeit in Anspruch. Da das Wort Homesteading implementiert, dass damit kein Geld eingenommen wird, müsste es eine alternative Einkommensquelle geben. Dies wäre aus mehreren Gründen, darunter dem Zeitfaktor, schwer umsetzbar.

Homesteading kann dazu führen, Lebensmittel und den Prozess ihrer Entstehung mehr wertzuschätzen. Daher wäre es erstrebenswert, dass Menschen die Möglichkeit nutzen, selbst Lebensmittel zu produzieren, sich dabei Gedanken über die Gesundheit von Mensch und Natur machen sowie dadurch in Zukunft bewusster einkaufen. Nicht jede Person hat einen Garten oder eine Anbaufläche zur Verfügung, dennoch kann in Töpfen am Fensterbrett Gemüse angebaut werden. Die Kombination aus Homesteading, das Freude bereitet, und dem Einkauf regionaler Lebensmittel ist laut den Homesteadern eine ideale Möglichkeit für das Leben in der Zukunft.

> „[...] Spaß am Homesteading, gemischt mit einer intelligenten Versorgung mit Nahrungsmitteln über regionale Produzenten, die saisonal und biologisch anbauen." (Interviewpartner*in T2)

Die Umstände der Umgebung und andere äußere Einflüsse sollten bei der Planung eines Beetes oder Feldes miteinkalkuliert werden. Denn die besten Absichten für Umwelt und Gesundheit sind wertlos, wenn die näheren Umstände nicht beachtet werden. Beispielsweise kann ein biologisch angelegtes Beet neben einer Autobahn oder einem Flughafen durch Verwehungen mit Giftstoffen wie zum Beispiel Schwermetallen belastet sein. Dadurch enthält das angebaute Gemüse ebenfalls Schwermetalle, deren Gehalt bei privatem Anbau jedoch nicht kontrolliert wird.

Somit können die erlaubten Grenzwerte, die Supermarktwaren auferlegt werden, überschritten werden.

Beim Homesteading ist darüber hinaus darauf zu achten, dass keine Spritzmittel verwendet werden, die der Gesundheit und der Umwelt schaden können. Denn in der eigenen Produktion gibt es keine Kontrolle über Obergrenzen an Pestiziden und Herbiziden, die in Lebensmitteln enthalten sein dürfen, um als unschädlich zu gelten.

> „Der Begriff Homesteading garantiert mir nicht ein gutes Lebensmittel, sondern es ist immer nur das Gesamtpaket, in das ich alle Faktoren […] miteinberechne." (Interviewpartner*in T2)

5.6 Auswirkungen der COVID-19-Pandemie auf das Homesteading

Die COVID-19-Pandemie hat viele Menschen verängstigt und laut Einschätzungen der befragten Homesteader zum Umdenken angeregt. Durch „Homeoffice" und „Homeschooling" wurde vermehrt Zeit zuhause verbracht. Pudel und Westenhöfer (1998, S. 49–51) beschreiben die Entwicklung einer Gesellschaft, in der die Tischgemeinschaft auseinanderbricht und nicht mehr gemeinsam gegessen wird. Durch die Pandemie könnte diese Gemeinschaft gestärkt werden.

Im Zuge der COVID-19-Pandemie haben die Menschen laut Einschätzung der befragten Homesteader vermehrt selbst gekocht und hatten Zeit, neue Zubereitungs- und Konservierungsmethoden auszuprobieren. Sie haben sich mehr mit den Lebensmitteln auseinandergesetzt und neue Variationen entdeckt. Im Lockdown hatten viele mehr Zeit zur Verfügung und verbrachten den Großteil davon zuhause. Für manche ist Kochen zum Hobby geworden, da sie damit täglich konfrontiert waren und neue Gerichte ausprobiert haben.

> „Langeweile ist womöglich für viele ein guter Motivator gewesen. Wenn man in einer großen Firma arbeitet, wo es ein Buffet gibt, hat man sich weniger mit Kochen und der Herkunft der Lebensmittel beschäftigen müssen. Im Lockdown sitzt man auf einmal zu Hause und muss sich damit befassen." (Interviewpartner*in T1)

Zu Beginn der COVID-19-Pandemie gab es aufgrund der Panikkäufe den Anschein einer Lebensmittelknappheit. Aus diesem Grund haben viele ihr eigenes Gemüse und Obst angebaut, da diese Teilversorgung mit Lebensmitteln den Menschen eine gewisse Sicherheit vermittelt.

Wie zuvor beschrieben, hat das Zukunftsinstitut Österreich vier mögliche Szenarien für die Zeit nach der Pandemie entworfen. Im Zusammenhang mit Homesteading sind zwei Szenarien wünschenswert für die Zukunft. Die sogenannten „Neo-Tribes" legen Wert auf regional erzeugte Produkte und darauf, dass die Menschen einander helfen. Der Weltmarkt wie einst existiert nicht mehr. Im anderen Szenario, der „Adaption", wird genauso auf Regionalität geachtet und eine „Wir-Kultur" entsteht. Der Welthandel besteht in diesem Szenario weiterhin, jedoch wird damit klüger umgegangen (Gatterer, 2020). Letzteres, wo bewusster mit Lebensmitteln und auch anderen Waren umgegangen wird, wäre ein wünschenswertes Szenario für einen Neuanfang nach der Pandemie.

Während der COVID-19-Pandemie hat sich in vielerlei Hinsicht bewiesen, dass Homesteading zum Trend wurde. Auf Platz eins der Spiegel Bestsellerliste 2021 im Bereich Ratgeber „Natur & Garten" liegt das Buch „Homefarming" von Judith Rakers (*Jahresbestseller,* 2021). Eine Online-Trend-Recherche des Begriffs „Homefarming" zeigt, wie sehr die Nachfrage in Deutschland gestiegen ist. (Abb. 5.4) Verschiedene Zeitungen berichteten vor allem im ersten Lockdown von Anstürmen auf Baumärkte und Gartencenter (Nachrichten, 2020). Selbstversorgung, Gemüseanbau und „garteln" waren und sind ein ständiger Begleiter in den Schlagzeilen.

5.7 Homesteading aus Sicht der Ernährungspsychologie

Der Schwerpunkt der Bachelorarbeit „Phänomen Homesteading – Motive partieller Selbstversorger*innen im 21. Jahrhundert" lag in der Ernährungspsychologie. Mithilfe einer Literaturarbeit mit dem Fokus auf einen biopsychosozialen Hintergrund wurden die Ergebnisse der Interviews mit den Homesteadern ernährungspsychologisch beleuchtet und dargestellt. In diesen Gesprächen wurde nach den Motiven, der Herkunft der Motivation, der Wertigkeit sowie Qualität der Lebensmittel und dem Konsumverhalten gefragt.

McClelland (1999) beschreibt die drei intrinsischen Motivatoren Zugehörigkeit, Macht und Leistung. Zwei davon kristallisierten sich bei den Aussagen der interviewten Homesteader heraus. Die Zugehörigkeitsmotivation, die nach zwischenmenschlichen Beziehungen strebt, wurde aus den Motiven der Interviewpartner*innen abgeleitet.

Als Antwort auf eine schnelllebige und von Industrie geprägte Gesellschaft, in der schlechte Arbeitsbedingungen, weite Transportwege und Verpackungen Alltag sind, kann das Machtmotiv eine Rolle spielen. Die empfundene persönliche Macht über die Herkunft und Anbauweise der Lebensmittel gibt den

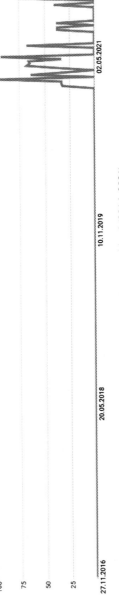

Abb. 5.4 Verlauf der Häufigkeit des Suchbegriffs „Homefarming" in Deutschland (2016–2021)

Homesteadern das Gefühl, unabhängiger von der Industriegesellschaft zu sein. Umweltschutzgründe wie zum Beispiel Nachhaltigkeit und Regionalität werden von drei Homesteadern genannt.

Weiters kann das Machtmotiv in einen Zusammenhang mit dem Gesundheits-aspekt gebracht werden, da selbst bestimmt werden kann, welche Lebensmittel konsumiert werden, was wiederum einen Einfluss auf die körperliche und geistige Gesundheit haben kann.

Ein Leistungsmotiv konnte bei den Interviewpartner*innen nicht erkannt werden.

Das „Personal Food System" nach Connors (2001) vereint fünf Werte (Geschmack, Zweckmäßigkeit, Kosten, Gesundheit und Beziehungsmanagement), welche die Nahrungswahl beeinflussen. Der Geschmack ist Homesteadern wich-tig und subjektiv schmeckt ihnen das eigene Obst und Gemüse besser. Sie kochen saisonale Speisen, je nach Verfügbarkeit, was auch als Zweckmäßigkeit beschrie-ben wird. Die Kosten wurden von den Interviewpartner*innen nicht explizit als Motiv genannt, jedoch die Gesundheit wie bereits im Modell von McClelland beschrieben.

Das Beziehungsmanagement stellt den Einfluss der sozialen Beziehungen auf die Speisenauswahl dar. Als Beispiel dafür wurde in einem Interview der steigende Gemüseverzehr des Partners/der Partnerin seit Beginn des eigenen Gemüseanbaus genannt.

Eine intrinsisch motivierte Handlung führt laut Heckhausen und Heckhau-sen (2018) zu einem innewohnenden Ergebnis, wie von den Interviewteilneh-mer*innen als Freude am Anbau, an der Beobachtung des Wachstums einer Pflanze und am Endprodukt beschrieben. Nach Maslow (1943) kann die Freude am Homesteading als Selbstverwirklichung interpretiert werden.

Pudel und Westenhöfer (1998) haben in ihrem Lebensmittelauswahlmodell 20 Faktoren genannt, die einen Einfluss auf die Wahl der Nahrungsmittel haben. Einige Motive des Modells und die Aussagen der Homesteader konnten in Zusammenhang gebracht werden. (Abb. 5.5)

Wie bereits im Zusammenhang mit anderen ernährungspsychologischen Modellen beschrieben, spielen die Frische und der subjektive Geschmack der Lebensmittel eine wichtige Rolle. Homesteading ist bei manchen Befragten bereits Teil des Alltags und nicht mehr wegzudenken. Bei einem Familienaus-flug werden Behälter für Obst oder Pilze mitgenommen beziehungsweise wird der Speiseplan an die Angebotslage im Garten angepasst. Die ständige Verfüg-barkeit von Gemüse und Obst in der Saison wird von den Homesteadern sehr geschätzt.

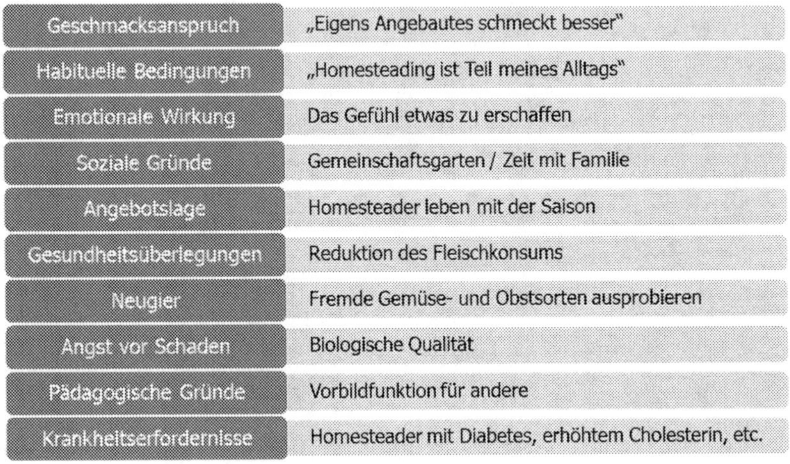

Geschmacksanspruch	„Eigens Angebautes schmeckt besser"
Habituelle Bedingungen	„Homesteading ist Teil meines Alltags"
Emotionale Wirkung	Das Gefühl etwas zu erschaffen
Soziale Gründe	Gemeinschaftsgarten / Zeit mit Familie
Angebotslage	Homesteader leben mit der Saison
Gesundheitsüberlegungen	Reduktion des Fleischkonsums
Neugier	Fremde Gemüse- und Obstsorten ausprobieren
Angst vor Schaden	Biologische Qualität
Pädagogische Gründe	Vorbildfunktion für andere
Krankheitserfordernisse	Homesteader mit Diabetes, erhöhtem Cholesterin, etc.

Abb. 5.5 Nennungen befragter Homesteader dargestellt anhand des Lebensmittelauswahlmodells nach Pudel und Westenhöfer (Auszug)

Eine der interviewten Personen spricht dem Homesteading und dem Gefühl, etwas zu erschaffen, in manchen Fällen sogar eine therapeutische Wirkung zu. Außerdem kann Homesteading pädagogisch wertvoll im Hinblick auf den Umweltschutz sowie auf eine bewusste und nachhaltige Lebensweise sein.

Aus den Interviews ging hervor, dass alle befragten Homesteader der Entwicklung der Gesellschaft, wie in den vier Tendenzen nach Pudel und Westenhöfer (1998) beschrieben, entgegenwirken wollen. Ein Homesteader mit Nutztieren beschreibt die Wertschätzung der Lebensmittel und die emotionale Bindung zu den Tieren und Pflanzen. Beim Eigenanbau sind durch die Saisonalität und Pflege der Pflanzen die Lebensmittelidentität und Herkunft der Lebensmittel zentrale Punkte.

In dem integrativen Modell nach Ellrott (2012) werden der Überfluss an Nahrungsmitteln und das Fehlen eines Mechanismus gegen Überkonsum im menschlichen Körper beschrieben. Da Homesteader durch den Eigenanbau vermehrt frisches Obst und Gemüse verwenden, können energiereiche Lebensmittel, wie zum Beispiel „Junk Food", reduziert werden. Somit kann der Entstehung von ernährungsbedingten Erkrankungen vorgebeugt werden.

Fazit

- Die Motivationen der Homesteader sind vielfältig, jedoch stehen die Freude an der Gartenarbeit und der Geschmack der Produkte im Vordergrund.
- Der Umweltgedanke ist bei nahezu allen befragten Homesteadern präsent, ebenso die Reduktion des Fleischkonsums in Bezug auf die Gesundheit und das Tierwohl.
- Es ist anzunehmen, dass durch die COVID-19-Pandemie mehr Menschen mit partiellem Homesteading begonnen oder mehr angebaut haben als zuvor.
- Die Motive der Homesteader finden sich in vielen ernährungspsychologischen Modellen wieder.

Was Sie aus diesem *essential* mitnehmen können

- Die Selbstversorgung mit Lebensmitteln war seit jeher unumgänglich für das Überleben der menschlichen Spezies. Dennoch entwickelte sich eine Industriegesellschaft mit Massenproduktion zu einer Überflussgesellschaft und die Selbstversorgung im ursprünglichen Sinne wurde aus den Augen verloren.
- Da heutzutage ein großer Teil der Bevölkerung keine Garten- oder Ackerflächen mehr besitzt, wird auf Alternativen wie das Urban Gardening zurückgegriffen, um das Homesteading zu ermöglichen. Die vollständige Selbstversorgung erweist sich in den meisten Fällen als schwierig bis unmöglich.
- Selbst produzierte Waren weisen für Homesteader in vielerlei Hinsicht eine höhere Qualität als gekaufte auf, dadurch steigt auch die Wertschätzung gegenüber den Produkten.
- Geschichtlich entstand das Homesteading aus einer Notwendigkeit heraus. Heute entwickelt sich der Trend Homesteading als eine Gegenbewegung zur Industrialisierung und wird als Hobby betrachtet.
- Aufgrund von Ängsten vor Lebensmittelknappheit und Kontrollverlust nimmt der Trend Homesteading während der Pandemie zu.
- Einblicke in das Leben von Homesteadern zeigen, dass die Gründe vielfältig sind, jedoch die Frische der Lebensmittel und die Freude am Anbauen im Vordergrund stehen.

A. Bauer et al., *Trend Homesteading*, essentials, https://doi.org/10.1007/978-3-662-65112-4

Literatur

Allen, R. W., & Albala, K. (2003). *Food in early modern Europe*. Greenwood.

APA. (2020, April 26). Wie Corona die Preise von Lebensmitteln beeinflusst. *derstandard.at*. https://www.derstandard.at/story/2000117124263/wie-corona-die-preise-fuer-lebensmittel-beeinflusst.

Baker, M. (2020). *Art of homesteading: A beginner's guide to self-sufficiency, learn mini farming techniques and how to raise chickens in your backyard and grow your own organic and healthy food*. Independently published.

BMEL (Hrsg.). (2018). *Zeitreise durch die Ernährung—Essen im Wandel*. https://www.bmel.de/SharedDocs/Downloads/DE/Broschueren/ZeitreiseErnaehrung.html.

Borsodi, R. (2012). *Homesteading: Flight from the city: An experiment in creative living on the land*. CreateSpace Independent Publishing Platform.

Christensen, K. S., & Levinson, D. (2003). *Encyclopedia of community: From the village to the virtual world* (2. Aufl.). SAGE.

Civitello, L. (2011). *Cuisine and culture: A history of food and people* (3. Aufl.). Wiley.

Connors, M., Bisogni, C. A., Sobal, J., & Devine, C. M. (2001). Managing values in personal food systems. *Appetite, 36*(3), 189–200. https://doi.org/10.1006/appe.2001.0400.

Dhondt, J. (2002). *Das frühe Mittelalter*, W. Hirsch (Übers.) (1. Aufl., Bd. 10). Fischer Taschenbuch.

Drisdelle, C., Kestens, Y., Hamelin, A.-M., & Mercille, G. (2020). Disparities in access to healthy diets: How food security and food shopping behaviors relate to fruit and vegetable intake. *Journal of the Academy of Nutrition and Dietetics, 120*(11), 1847–1858. https://doi.org/10.1016/j.jand.2020.03.020.

Ellrott, T. (2012). Psychologie der Ernährung. *Aktuelle Ernährungsmedizin, 37*(3), 155–167. https://doi.org/10.1055/s-0032-1304946.

Ernährungs Umschau (Hrsg.). (2019). Obst und Gemüse im Handel zu fast zwei Dritteln in Plastik verpackt. *Ernährungs Umschau, 8,*(2019), M446.

Ernährungs Umschau (Hrsg.). (2020a). Regionale Nahrungsmittel können weniger als 1/3 der Weltbevölkerung ernähren. *Ernährungs Umschau, 7,*(2020), M380.

Ernährungs Umschau (Hrsg.). (2020b). Wie haben sich 2020 die Lebensmittelpreise in Deutschland entwickelt? *Ernährungs Umschau, 7,*(2020), M381.

Gatterer, H. (2020). *Der Corona-Effekt. Die Ernährung, 2*(2020), 8–11.

Geyer, E. (2010). *Obst & Gemüse einkaufen Produktionsformen, Herkunft, Kennzeichnung; Qualität und Frische selbst erkennen; Lagerung, Haltbarkeit, Zubereitung*. Verein für Konsumenteninformation.

Gowlett, J. A. J. (2016). The discovery of fire by humans: A long and convoluted process. *Philosophical Transactions of the Royal Society B: Biological Sciences, 371*(1696), 1–12. https://doi.org/10.1098/rstb.2015.0164.

Graf, V. (2020, April). Sinkt Lebensmittelverschwendung in Corona-Krise? *krone.at*. https://www.krone.at/2139677.

Haas, J. G. (2020). *COVID-19 und Psychologie: Mensch und Gesellschaft in Zeiten der Pandemie*. Springer.

Hardy, K., Radini, A., Buckley, S., Blasco, R., Copeland, L., Burjachs, F., Girbal, J., Yll, R., Carbonell, E., & Bermúdez de Castro, J. M. (2017). Diet and environment 1.2 million years ago revealed through analysis of dental calculus from Europe's oldest hominin at Sima del Elefante, Spain. *The Science of Nature, 104*(1–2), 5. https://doi.org/10.1007/s00114-016-1420-x.

Heckhausen, J., & Heckhausen, H. (2018). *Motivation und Handeln* (5. Aufl.). Springer.

Hess, A. (2012). *The weekend homesteader: A twelve-month guide to self-sufficiency* (1. Aufl.). Skyhorse Publishing.

Hirschfelder, G. (2005). *Europäische Esskultur: Eine Geschichte der Ernährung von der Steinzeit bis heute*. Campus.

Hitradio Ö3. (2020, Mai 22). *Corona-Trend: Selber Kochen & Backen*. oe3.ORF.at. https://oe3.orf.at/stories/3002836.

Jahresbestseller. (2021). buchreport. https://www.buchreport.de/spiegel-bestseller/jahresbestseller/.

James, W. P. T., Johnson, R. J., Speakman, J. R., Wallace, D. C., Frühbeck, G., Iversen, P. O., & Stover, P. J. (2019). Nutrition and its role in human evolution. *Journal of Internal Medicine, 285*(5), 533–549. https://doi.org/10.1111/joim.12878.

Jew, S., AbuMweis, S. S., & Jones, P. J. H. (2009). Evolution of the human diet: Linking our ancestral diet to modern functional foods as a means of chronic disease prevention. *Journal of Medicinal Food, 12*(5), 925–934. https://doi.org/10.1089/jmf.2008.0268.

Kaplan, R., & Blume, K. R. (2011). *Urban homesteading: Heirloom skills for sustainable living*. Skyhorse Publishing.

Kern, C. (2020). Biodiversität: Daten und Fakten. *ernährung heute: Werte der Vielfalt, 3*,(2020), 7.

Kern, C., & Sperr, E. (2020). Konsumenten fehlt bei Tierwohl das Big Picture. *Ernährung heute: Mind the Gap!, 1*,(2020), 4–8.

Ketz, H.-A., & Kienast, H. (1972). Zur Geschichte und Entwicklung der Ernährung des Menschen. *Molecular Nutrition & Food Research, 16*(8), 819–841. https://doi.org/10.1002/food.19720160802.

Kingsley, J. C. (2020). *The garden in the machine: Homesteading, local foodways, and agriculture in York, Pennsylvania* (Doctor of Philosophy). The Pennsylvania State University.

Krawinkel, M., Keding, G. B., Chavez-Zander, U., Jordan, I., & Habte, T.-Y. (2008). Welternährung im 21. Jahrhundert. Eine umfassende Herausforderung (Teil 1). *Biologie in unserer Zeit, 38*(5), 312–318. https://doi.org/10.1002/biuz.200810376.

Laufer, N. (2020, April 10). Warum Germ im Supermarkt derzeit Mangelware ist. *derstandard.at*. https://www.derstandard.at/story/2000116703544/warum-germ-im-supermarkt-derzeit-mangelware-ist.

Maslow, A. H. (1943). A theory of human motivation. *Psychological Review, 50*(4), 370–396. https://doi.org/10.1037/h0054346.

Mazoyer, M., & Roudart, L. (2012). *A history of world agriculture: From the Neolithic Age to the Current Crisis* (Illustrated Edition). Monthly Review Press.

McClelland, D. C. (1999). *The achieving society*. Simon and Schuster.

Mensink, G. B. M., Burger, M., Beitz, R., Henschel, Y., & Hintzpeter, B. (2002). *Was essen wir heute? Ernährungsverhalten in Deutschland*. Robert-Koch-Institut.

Mollison, B., & Holmgren, D. (1981). *Permaculture one: A perennial agriculture for human settlements*. Intl Tree Corps Inst USA.

Mörixbauer, A. (2020). Regionalität in aller Munde. *Ernährung heute: Mind the Gap!, 1*,(2020), 18–21.

Nachrichten, O. (2020, April 14). *Videos zeigen Ansturm auf Baumärkte*. nachrichten.at. https://www.nachrichten.at/panorama/chronik/videos-zeigen-ansturm-auf-baumae rkte;art58,3250370.

Niemann, D. (2011). *Homegrown and handmade: A practical guide to more self-reliant living*. New Society Publishers.

Peters, N. (2020). *Moderne Selbstversorger – Leben ohne Pestizide: Wie Sie anhand der Permakultur ganzjährig Obst und Gemüse anbauen, Hühner halten*. Independently published.

Pezza, K. (2015). *Backyard farming: Homesteading: The complete guide to self-sufficiency*. Hatherleigh Press.

Pilcher, J. (2005). *Food in world history* (1. Aufl.). Routledge.

Proissl, A., & Stempelmann, P. (2020, März 11). *Coronavirus: Damit sollten Sie sich eindecken*. trend.at. https://www.trend.at/branchen/handel-dienstleistung/coronavirus-damit-sie-sich-eindecken-11360397.

Pudel, V., & Westenhöfer, J. (1998). *Ernährungspsychologie: Eine Einführung* (2. Aufl.). Hogrefe.

Rathmanner, T. (2019). Fleisch als Omega-3-Quelle? *Ernährung heute: Ernährungsökologie – System mit Zukunft, 4*,(2019), 16–17.

Reinhardt, N. (2020, Mai 11). Warum plötzlich alle daheim Brot backen. *derstandard.at*. https://www.derstandard.at/story/2000117372614/warum-ploetzlich-alle-daheim-brot-backen.

Rollo, F., Ubaldi, M., Ermini, L., & Marota, I. (2002). Otzi's last meals: DNA analysis of the intestinal content of the Neolithic glacier mummy from the Alps. *Proceedings of the National Academy of Sciences, 99*(20), 12594–12599. https://doi.org/10.1073/pnas.192 184599.

Romano, R., & Tenenti, A. (1997). *Die Grundlegung der modernen Welt*, H. Brissa, H. Wismann, & E. Türk (Übers.) (19. Aufl., Bd. 12). Fischer Taschenbuch.

Rothenberger, K.-H. (1995). *Die Hungerjahre nach dem Zweiten Weltkrieg am Beispiel von Rheinland-Pfalz*. Regionalgeschichte. https://www.regionalgeschichte.net/bibliothek/auf saetze/rothenberger-hungerjahre-zweiter-weltkrieg-rheinland-pfalz.html.

Rübenkamp, H. (2016, Februar 24). *Nahrung vor, während und nach dem Krieg*. ZeitZeugenBörse Müleim an der Ruhr. https://unser-quartier.de/zzb-muelheim/2016/02/nahrungvor-waehrend-und-nach-dem-krieg/.

Rützler, H. (2020a). *Food-Trends: Was bleibt und was sich ändern wird*. Zukunftsinstitut. https://www.zukunftsinstitut.de/artikel/food/food-trends-was-bleibt-und-was-sichaendern-wird/.

Rützler, H. (2020b). Was Trendforschung ausmacht. *Ernährung heute: Einfach zu Komplex?*, *4*,(2020), 8–9.

Scherfranz, V. (2020). Biodiversität: Bunt statt brav. *Ernährung heute: Werte der Vielfalt*, *3*,(2020) 4–6.

Schmökel, L. M., & Frey, S. K. (2019). Klimakampf und Lebensmittelverschwendung. *Ernährungs Umschau, 9*(2019), M514.

Schneider, M. (2001). Essen in der Non-Stop-Gesellschaft—Die prekäre Balance zwischen gelungenem und gehetztem Leben. *Politische Ökologie*, 16–19.

Schulz, A. (2011). *Essen und Trinken im Mittelalter* (1. Aufl.). De Gruyter.

Sperr, E., & Gruber, M. (2020). To bio or not to bio. *Ernährung heute: Werte der Vielfalt*, *3*(2020), 12–15.

Stark, J. F. (2018). "Replace them by Salads and Vegetables": Dietary Innovation, Youthfulness, and Authority, 1900–1939. *Global Food History, 4*(2), 130–151. https://doi.org/10.1080/20549547.2018.1460538.

Strasser, G. (2020, Mai 2). *Die Krise bringt den Respekt für Lebensmittel zurück*. Tech & Nature. https://www.techandnature.com/gastbeitrag-georg-strasser-lebensmittel verschwendung/.

Ungar, P. S. (2006). *Evolution of the Human Diet: The Known, the Unknown, and the Unknowable*. Oxford University Press.

van Dülmen, R. (2004). *Entstehung des frühneuzeitlichen Europa 1550–1648* (10. Aufl., Bd. 24). Fischer Taschenbuch.

Voit, M. (2010, Oktober 3). *Tiere halten*. Nanu Magazin. https://nanu-magazin.org/tiere-hal ten/.

von Koerber, K., Waldenmaier, J., & Cartsburg, M. (2020). Ernährung und Leitbild Nachhaltigkeit—Globale Herausforderungen und Lösungsansätze auf nationaler und internationaler Ebene der UN. *Ernährungs Umschau, 2*(2020), 32–41. https://doi.org/10.4455/eu.2020.011.

Wackernagel, M., & Beyers, B. (2019). *Ecological footprint: Managing our biocapacity budget*, K. Rout (Übers.). New Society Publishers.

Waskow, F., & Rehaag, R. (2011). Globaler Ernährungswandel zwischen Hunger und Übergewicht. In A. Ploeger, G. Hirschfelder, & G. Schönberger (Hrsg.), *Die Zukunft auf dem Tisch* (S. 143–165). VS Verlag. https://doi.org/10.1007/978-3-531-93268-2_10.

Wolfson, J. A., & Bleich, S. N. (2015). Is cooking at home associated with better diet quality or weight-loss intention? *Public Health Nutrition, 18*(8), 1397–1406. https://doi.org/10.1017/S1368980014001943.

Zachenhofer, J. (2018, Januar 30). Selbstversorger werden: Was spricht dafür? *Löwenzahn*. https://www.loewenzahn.at/magazin/werdet-selbstversorger-warum-wir-verraten-es-euch/.

Zink, A. R., & Maixner, F. (2019). The current situation of the Tyrolean Iceman. *Gerontology, 65*(6), 699–706. https://doi.org/10.1159/000501878.

Weiterführende Literatur

Haas, J. G. (2020). *COVID-19 und Psychologie: Mensch und Gesellschaft in Zeiten der Pandemie*. Springer.

Mollison, B., & Holmgren, D. (1981). *Permaculture one: A perennial agriculture for human settlements*. Intl Tree Corps Inst USA.

Rakers, J. (2021). *Homefarming: Selbstversorgung ohne grünen Daumen* (3. Aufl.). GRÄFE UND UNZER.

Printed in the United States
by Baker & Taylor Publisher Services